I0165611

PRIX : 1 fr. 25 cent.

VOYAGE

A ROME

PAR

L'ABBÉ DELACQUIS

PROFESSEUR DE RHÉTORIQUE

AU LYCÉE DE CHAMBÉRY

PH

THONON

BUREAU DU COURRIER DU CHABLAIS

Place de l'Ecole. 4.

1868

VOYAGE

A ROME

IMP. CHAB. — J. PLANTAZ, A THONON.
(Moteur hydraulique).

VOYAGE

A ROME

PAR

L'ABBÉ DELACQUIS

PROFESSEUR DE RHÉTORIQUE

AU LYCÉE DE CHAMBÉRY

THONON

BUREAU DU COURRIER DU CHABLAIS

Place de l'Ecole, 4.

———

1868

Monsieur le docteur Magdelain,
à Sallanches.

Voici dix-huit ans que notre ami commun, M. l'abbé Delacquis, entreprit son premier voyage à Rome. Pour en conserver le fruit, en fixant ses souvenirs et ses impressions, il en rédigea une relation qu'il n'a été donné qu'à quelques intimes de lire, de son vivant.

Devenu légataire de ce manuscrit dont la lecture m'avait jadis tant intéressé, j'en ai offert la publication au *Courrier du Chablais*, qui vient de l'éditer en feuilleton. L'intérêt croissant qui s'est attaché à ce récit, à mesure qu'il paraissait, a déterminé l'imprimeur de ce journal à faire un tirage à part, pour réduire en un petit volume le *Voyage à Rome*. J'y ai consenti avec plaisir, et voilà comment cet ouvrage est venu au jour.

Pour nous, cher Docteur, qui le lirons avec les yeux de l'amitié, notre critique lui sera légère. Cependant, tenons-nous en garde contre le *prix d'affection*, qui ne représente pas toujours la va-

leur vraie de la chose ; lorsque *le cœur monte à la
tête*, comme s'exprimait un de nos grands évêques,
il risque d'égarer le jugement. Mais, pour nous
maintenir dans une impartiale appréciation, nous
avons déjà le verdict anticipé du public et le
calme solennel de la tombe. L'auteur est mort :
C'est le bon moment pour être jugé. C'est à ce
terme suprême qu'on faisait le procès aux anciens
rois de l'Egypte ; c'est à cette époque que le St-
Esprit ajourne toute bonne louange.

Je ne puis douter de l'accueil que Chambéry
et le Faucigny feront au *Voyage à Rome :* l'auteur
y était connu et apprécié. Ce qui me confirme
dans cette assurance, c'est qu'en Chablais, où
M. Delacquis était bien moins connu, les pages
de son manuscrit étaient attendues avec impatience et lues avec avidité dans le *Courrier.* Il est
vrai que la critique s'en est aussi occupée ; mais
c'est là une première recommandation. En effet,
dit Boileau, « la plus grande disgrâce qui puisse
« arriver à un écrit que l'on met au jour, ce n'est
« pas que beaucoup de gens en disent du mal,
« c'est que personne n'en dise rien. »

Du reste, mon cher Docteur, nous ne préten-
dons pas donner à ce livre les proportions d'un
évènement ; il n'est point appelé à faire sensation

ni à s'étaler avec fracas devant le public. On sait que, pour provoquer l'attention de la plupart des lecteurs contemporains, il faut de la littérature épicée d'énormités et de scandale. Nos préférences et notre admiration sont pour les monstruosités littéraires. Cette disposition des esprits, qui n'était encore qu'une exception au temps de Quintilien, *apud quosdam*, s'est généralisée de nos jours. Serait-ce là un des progrès dont notre siècle est si fier? Ou bien aurions-nous rétrogradé jusque par delà le paganisme?

Quant au *Voyage à Rome,* point de scandale ne le recommande; point de trompette ne le publie, point de claque ne l'applaudira.

Mais ces désavantages relatifs sont compensés, pour ce modeste livre, par des avantages réels qui lui assurent un légitime succès.

D'abord cette relation a été écrite pour l'intimité et non pour la publicité, et de là résultent plusieurs avantages en faveur de ce livre.

L'auteur, par sa position, par son caractère, par ses talents, était investi d'une véritable importance; or, il va à Rome, il consigne ses impressions dans un écrit qui doit rester intime: quel stimulant pour la curiosité! il s'attache à une parcille publication tout l'intérêt, tout le piquant dont jouissent certains mémoires d'Outre-Tombe.

L'auteur, ne songeant point à poser devant le public, est en quelque sorte surpris dans son négligé intime et avec ses grâces naturelles. La critique française a dit :

> Que votre âme et vos mœurs, peintes dans jvos ouvrages,
> N'offrent jamais de vous que de nobles images.

Eh bien! dans le *Voyage à Rome*, M. Delacquis se peint lui-même; son âme et ses mœurs respirent dans ce tableau. Rien de compassé, rien de dégingandé; c'est lui, avec son esprit si bien doué, avec son cœur sensible et bon, avec les saillies de son charmant caractère; lui enfin, tel que ses nombreux amis aimeront à le voir revivre.

Un préjugé trop accrédité de nos jours, c'est que le prêtre est un misanthrope qui ne sait pas vivre avec ses semblables, une sorte de sauvage avec qui il n'y a pas de sûreté. Or, sans recourir à la lanterne de Diogène, dès la seule ouverture du livre de M. Delacquis, on trouve, non seulement un homme que l'on ne peut s'empêcher d'aimer, mais encore un prêtre qui sait être homme, un homme qui sait être prêtre, un homme-prêtre, tel que Dieu et le monde le veulent.

Une qualité précieuse dans un livre de ce genre, c'est la sincérité ; il faut que l'auteur témoigne de son impartialité et de son indépendance ; ce n'est qu'à ce prix qu'il inspire la confiance, soit qu'il signale un abus, soit qu'il relève un mérite, soit qu'il formule une réflexion quelconque. Or, le moyen de suspecter jamais la sincérité de M. Delacquis ? Pourquoi son langage serait-il gêné ou influencé, dès l'instant qu'il croit ne parler qu'à soi-même ?

Il semblerait d'abord que ce manuscrit, comptant déjà dix-huit ans d'existence, a dû perdre de sa fraîcheur et de son actualité. Mais, au fond, il n'en est rien : la nature et la vérité, dont le *Voyage à Rome* est l'aimable expression, ne vieillissent point. Pour avoir été ignorées ou perdues, pendant tant de siècles, les fables de Phèdre en ont-elles moins d'intérêt aujourd'hui ? D'ailleurs l'Italie et Rome, surtout, présentent un intérêt, une actualité qui passionne encore aujourd'hui tout le monde politique et religieux. Ainsi, le *Voyage à Rome* conserve toute son opportunité. Les souvenirs qu'il évoque, les situations qu'il décrit, les appréciations qu'il formule donnent lieu aux plus intéressantes comparaisons entre ce passé de dix-huit ans et notre présent d'aujourd'hui.

Le *Voyage à Rome* a subi, ai-je dit, l'honorable épreuve de la critique. Il a eu pour adversaires des puristes et des puritains, c'est-à-dire, les rigoristes de la littérature et les rigoristes de la morale.

Les premiers, la loupe à l'œil, ont découvert dans ce récit quelques négligences de style, le retour un peu fréquent de certains termes, une comparaison scabreuse, etc. — Pour nous, qui ne croyons à la perfection d'aucune œuvre humaine, qui savons que les astronomes découvrent des taches dans le soleil et Dieu, dans ses anges, nous admettrons sans surprise qu'il puisse s'être glissé quelques imperfections dans un récit, écrit d'un seul jet, presque sans ratures ni surcharges ; mais ces taches, d'ailleurs imperceptibles et bien rares, disparaissent dans un ensemble de mérites et de beautés. Aussi Horace leur accorde-t-il une indulgence plénière :

> Ubi plura nitent in carmine, non ego paucis
> Offendar maculis quas aut incuria fudit,
> Aut humana parùm cavit natura.

« D'ailleurs, ajoute Boileau, tout le bruit qui « se fait ordinairement contre un ouvrage où l'on

« court, ne sert qu'à mieux en marquer le mérite.»

Les puritains, soit rigoristes de la morale, se sont effarouchés d'un peu de fumée..... de cigare! Comme si un jeune professeur en vacances (fût-il prêtre), né en Suisse, voyageant en laïque sur mer, au Vésuve, ne pouvait s'y permettre ce qu'aucune loi divine et humaine ne défend à personne.

L'auteur, ajoute-t-on, raconte ses malices, ses jurons. — Pourquoi non? Il ne s'en vante pas; d'ailleurs il ne prétend pas écrire la vie d'un saint. Avant M. Delacquis, un illustre professeur de rhétorique a écrit de lui-même de bien d'autres peccadilles, et cet écrivain s'appelle saint Augustin !

Qu'un *royageur novice*, captivé par la curiosité, se soit laissé prendre, une fois ou deux, aux distractions d'un *heureux badaud*, je m'en amuse, sans m'en étonner et, surtout, sans oublier que l'Académie ne confond pas le badaud avec le niais ni avec le nigaud.

A mes yeux, M. le Docteur, ce qui garantit au *Voyage à Rome* un légitime succès, c'est qu'il remplit les conditions d'une bonne composition, telles que les expose Quintilien : *Tres habeat virtutes, ut emendata, ut ornata sit.* Style correct, clair et orné.

Or, quelle vraisemblance qu'un homme de talent qui, pendant vingt-neuf ans, a professé avec
distinction les belles-lettres, dans un collége na-
tional, dans un lycée, ignore sa grammaire?
Dans son *Voyage à Rome*, comme dans tout ce
qu'il a écrit, partout on rencontre un style aisé
et coulant, mais concis, correct et châtié, une remarquable propriété de termes et un heureux
tour de constructions grammaticales.

Le style est d'une merveilleuse transparence;
on croit assister aux spectacles qu'il décrit. Voyez
comme, suivant l'exigence du sujet, il

> Sait, d'une voix légère,
> Passer du grave au doux, du plaisant au sévère.

Les objets les plus variés vont tour à tour se
réfléchir dans cette intelligence, en quelque sorte
crystalline et elle les reproduit avec une vérité
saisissante.

Sa pensée se présente toujours sous les ornements qu'elle comporte : c'est de la photographie;
mais celle-ci reproduit les couleurs. Aussi son récit, ses tableaux sont-ils parfumés de fraîcheur
et de grâce; c'est de la poésie en prose. Non
moins ennemi de la prétention que de la con-
trainte, il sait être

> Simple avec art,
> Sublime sans orgueil, agréable sans fard.

Son récit s'émaille sans efforts de réminiscen-
ces historiques ; ses réflexions, fines et judicieu-
ses, jaillissent du fond du sujet ; on trouve dans
ses narrations des modèles d'*intérêt ménagé* et
des inspirations d'une sensibilité exquise ; ses
malices mêmes sont toujours assaisonnées de
sel attique : en un mot, ce petit livre est une
charmante mosaïque où tous les genres de littérature viennent habilement s'enchasser. Tous
nos classiques ne le valent pas, et je crois qu'il
servirait utilement de *manuel* à nos jeunes collé-
giens et de *guide* aux touristes et aux pélerins de
Rome.

Avant de livrer au public ce manuscrit de notre ami, j'ai dû le revoir et, en certains passages,
le retoucher légèrement. Quelque irréprochable
que soit votre mise au logis, votre valet de
chambre ne vous laisse point paraître en public,
sans un dernier coup d'œil à votre toilette, sans
un dernier coup de vergette à votre chapeau. Ce
ne sera pas moins à vous seul que le public
prendra garde, sans songer seulement à votre
valet de chambre. Eh bien ! mon cher Docteur,
voilà le modeste rôle que j'ai rempli envers
M. Delacquis, avant d'éditer son manuscrit. Ce
n'est pas trop de prétention de la part d'un ami

qui, pendant un quart de siècle, a vécu avec son ami dans une fraternelle communauté de pensées, de sentiments, de goûts et, j'allais dire, d'études, et qui peut s'attribuer ce que Cicéron disait de Cécina : *Vivebat mecum conjunctissime. non solum officiis amicitiæ, sed etiam communibus studiis et hunc a puero sic semper dilexi, ut nullo cum homine conjunctius viverem.*

Malgré les soins du correcteur des épreuves, il s'est glissé dans l'ouvrage quelques fautes qui nécessiteront une petite table d'*errata*.

Il n'y a pas d'inconvénient à dire que ce M. D., ami et compagnon de voyage de l'auteur, était, comme lui, professeur au Collége-National de Chambéry, prêtre sulpicien, né à Rumilly, aujourd'hui curé aux Molettes, près Montmélian, et auteur lui-même d'un ouvrage très-estimable, intitulé : *Souvenirs d'un pèlerinage aux Saints-Lieux.*

Puisse maintenant le *Voyage à Rome*, qui est un livre malgré lui, être bienvenu du public et faire son chemin dans le monde. Tels sont mes vœux, tel est mon solide espoir.

Reyvroz, le 30 août 1868.

L'abbé MERCIER.

VOYAGE A ROME

26 août 1850. — Nous partîmes, M. D. et moi,
de Chambéry par la route des Echelles. Le temps
était superbe ; un magnifique soleil levant inon-
dait la campagne d'une teinte chaude et dorée..... et puis, partir pour Rome ! pour Rome !
Cette fois, c'était bien vrai ; ce n'était plus un
rêve ; nous étions bien là, avec nos habits laïcs,
avec nos passeports neufs et vierges encore de
visa, avec nos ceintures bourrées d'or, avec nos
yeux tout frais encore... et avec notre imagination pleine de mirages et d'ivresse.

Et puis, une crainte pleine de bonheur vous
étreint le cœur, en commençant un long voyage :
on peut ne pas revenir, ne pas revoir ces personnes aimées, ces paysages, ce foyer, enfin tout
ce qui fait la patrie ; on peut rencontrer la mort
sous mille formes. Mais c'est pour aller à Rome !
et tout est oublié.

A la montée de Chailles, notre voiture est su-
bitement arrêtée par les douaniers qui viennent
à grand'peine s'emparer d'un jeune homme, assis
près du postillon. Ce malheureux présente d'a-
bord une défense désespérée... Ce spectacle est
hideux... Enfin, il est précipité de son siége, les
vêtements en lambeaux, pâle de terreur et de
colère. C'est notre première impression de
voyage, elle n'est pas agréable.

Me voilà sur une route inconnue; aussi je veux
tout voir jusqu'à la moindre maison; je suis encore dans toute la ferveur d'un voyageur novice.
— Nous parcourons ainsi ce Bugey et cette
Bresse qui ont si longtemps partagé nos desti-
nées politiques sous les princes de Savoie.

A la nuit tombante nous entrons à Lyon par
le faubourg de la Guillotière; ce serait bien sans
contredit une ville en Savoie. Tout-à-coup on arrive sur le bord du Rhône. Le spectacle est superbe : ces longs quais, ces ponts éclairés au
gaz, semblent une illumination préparée pour
une fête; on est dans la seconde ville de France.
De La Roche à Chambéry, de Chambéry à
Lyon, de Lyon à Paris, ce serait toujours la
même progression de surprises pour un pauvre
montagnard comme moi.

Voilà la première nuit que je passe loin de mon pays, avec l'intention de m'éloigner davantage encore. J'éprouve quelque chose de l'émotion d'une jeune épouse qui vient de quitter le toit paternel pour se rendre au foyer conjugal : le sentiment des séparations accomplies, combiné avec les attrayantes terreurs de l'inconnu.

27 août. — En voyage l'on dort, si l'on peut; puis, on se lève le plus matin possible; car, pour dormir, autant vaut rester chez soi.

Aussi, de grand matin, nous voilà successivement sur la place Bellecour, aux abords de la Saône, à la Primatiale; puis nous gravissons Fourvières, où nous trouvons de quoi contenter le touriste et le pèlerin; pourtant les minces proportions de ce sanctuaire ne sont pas en harmonie avec la réputation de ce pieux pèlerinage. Je ne pouvais m'arracher au charme de la vue dont on jouit de cette colline élevée.....

Une musique militaire nous entraîne à la suite d'un régiment d'infanterie qui va à la manœuvre. Ces soldats à pantalons rouges, je les vois pour la première fois : ils ont l'air joyeux, insouciants, pleins d'entrain, marchant assez mal au pas, mais marchant bien. Je me rappelle le vers de Voltaire : Aimables fous, peuple charmant!

De là, nous courons à Loyasse. Quel beau et triste spectacle ! Non, je ne m'étais pas fait d'idée d'un pareil cimetière ; c'est vraiment la ville des morts : monuments divers, nombreux, modestes, grandioses, nouveaux, noircis par le temps ; longues et silencieuses avenues ; bosquets d'ifs, de cyprès, de saules pleureurs. On resterait des journées à rêver dans cette nécropole, à lire les inscriptions, à contempler ces *magnifiques témoignages de notre néant,* sous le marbre desquels *leurs âmes font encore les vaines.....*

Que je regrette d'avoir si peu de temps à donner à Lyon ! J'y reviendrai. — Je jette un dernier regard sur les forts, ces bizarres constructions, dont j'aime à voir la configuration, sans savoir m'en expliquer les règles.

A 11 heures du matin, nous nous embarquons pour Valence.

C'est toujours une heure bien vivante que celle d'un embarquement, même sur un fleuve. C'est plus grand qu'une étroite diligence ; c'est moins sérieux que sur la mer. On se trouve tout-à-coup une centaine de passagers, réunis des quatre coins de la France : on se regarde, on s'observe ; ce sont des ouvriers, des messieurs bien dédaigneux, de grandes dames toutes scan-

dalisées de se voir coudoyées par *ce monde-là*,
des négociants affairés, des jeunes gens qui
rient comme des fous,... puis, quelque pauvre
passager, mal vêtu, qu'on passe peut-être par
charité et qui se blottit, comme il peut, dans un
coin; — puis, le capitaine, qui a ordinairement
l'air moins important que ses jeunes subalternes;
— puis surtout, le personnage principal, le cuisinier! Dieu le confonde, l'infernal cuisinier, qui
rôtit, qui rissole, qui tripote dans un petit coin,
quand la seule vue du poële vous fait bondir le
cœur!

Enfin je m'amusai si bien de ce spectacle, que,
comme un vrai badaud, je n'aperçus pas le con-
fluent de la Saône et du Rhône; à peine me sou-
viens-je d'avoir entrevu Vienne, avec son antique cathédrale, veuve d'évêque. Je me souviens
mieux de Tournon, qui semble venir au bord de
l'eau pour vous voir passer.....

La chaleur était extrême; on se roulait d'une
place à l'autre pour chercher un peu de fraîcheur;
sous le pont, on étouffe; sur le pont, on grille.
Une belle rivière, qui vient déboucher dans le
Rhône, semble raffraîchir notre atmosphère em-
brasée.

C'est l'Isère! Salut, rivière compatriote! Que

viens-tu m'apprendre de notre chère Savoie? Si
tu pouvais remonter ton cours, je te ferais avec
bonheur ma messagère. Console-toi de perdre
ton nom ici; tu l'as laissé au département qui
a vu naître Bayard.

Avant les 5 heures du soir, nous débarquons à
Valence. Nous visitâmes les places désertes de
cette ville. Une statue en plâtre de la Liberté, de
1848, était déjà en ruines, sujet facile de réflexions. Nous admirons davantage la statue en
bronze du général Championnet. Des fenêtres de
notre hôtel, nous contemplons longtemps les ruines pittoresques de Crassonne, qui se découpent
à jour sur un rocher au soleil couchant. Devant
nous passe le Rhône, large comme un lac. Quoiqu'il ait déjà successivement reçu l'Arve, l'Ain,
la Saône et l'Isère, il conserve encore cette belle
teinte bleue que ses eaux étalent dans le bassin
du Léman.

Enfin, nous essayons de dormir.

28 août. — La nuit est brûlante; le sommeil
ne veut pas nous raffraîchir; nous éprouvons la
chaleur torride de la fièvre. Mon ami surtout
souffre et gémit. Je me lève et regarde couler le
Rhône au clair de la lune; d'immenses radeaux

descendent le courant; deux ou trois hommes suffisent à les conduire.....

Enfin le jour reparaît; nous nous embarquons à 7 heures du matin.

La descente du Rhône devient très-pittoresque. De temps en temps, nous évitons des îles boisées et pleines de verdure; d'autres fois, nous passons entre des rochers nus et jaunâtres, et la scène, riante tout-à-l'heure, devient triste et sauvage. Je pense au Meschabée de Châteaubriand.

A droite, nous voyons pyramider les cîmes dénudées des Cévennes, moins hardies que nos Alpes; à gauche, il nous semble apercevoir Orange, encore pleine de monuments romains et célèbre par son petit concile contre les sémipélagiens; nous cherchions du regard, dans ces immenses plaines, un peu marécageuses, le lieu où Marius avait défait ces nuées de Teutons.

Vers midi nous arrivons à Avignon, après avoir franchi comme un trait l'arche enfumée du Pont-Saint-Esprit. Le château des Papes, avec son architecture sévère, s'élève au-dessus de la ville, et vis-à-vis nous apparaît comme une ruine de ville entière: on nous dit que c'est Villanova.

A peine débarqués, nous courons retenir nos

places au chemin de fer et nous revenons à la hâte jeter un coup-d'œil dans Avignon.

Avignon présente les plus gracieux alentours. Au dedans ses rues sont désertes; il en est plusieurs où l'herbe pousse : cette ville est loin de la splendeur et de la population qu'elle avait au temps des Papes.

Nous revenons sans guide au palais des Papes, sur une immense terrasse où je retrouve le modèle du Calvaire de Megève. De là, coup-d'œil magnifique : une plaine immense s'étend à perte de vue devant nous, avec ses plantations de mûriers et d'oliviers.....

Nous voilà dans les vagons. C'est la première fois pour moi. Après un moment de saisissement, je me rassure bien vite, quoique nous volions comme des flèches. De Tarascon, d'Arles, nous ne voyons que les gares et l'on fuit toujours à travers une plaine fertile, mais déserte. Tout-à-coup on s'engouffre dans un tunnel pendant huit minutes : on fait ainsi une lieue. C'est fantastique comme une descente aux Enfers. En sortant de là, je m'étonne de la chaleur et de la beauté du jour; la route devient accidentée. — A droite, je vois une vaste étendue d'eau, sillonnée par des voiles; je crois que c'est la mer : on me dit que c'est un lac salé, qui y communique.

A la nuit tombante, nous arrivons à Marseille. De la gare, nous suivons un portefaix par des rues en pente ; nous remarquons la porte d'Aix. Une odeur méphitique, beaucoup de monde, peu d'éclairage, mais surtout cette infection de basse-fosse : voilà d'abord ce qui m'a frappé à Marseille. Nous marchons droit à la Cannebière et nous nous installons pour la nuit à l'hôtel des Empereurs.

29 août. — MARSEILLE. — De grand matin, sans réveiller mon compagnon de voyage, je me mets à la fenêtre. Cette fois, le spectacle me ravit : c'était la Cannebière, une large rue, pleine de mouvement et de commerce, au bout de laquelle le port avec sa forêt de mâts. J'y vole. Moi qui, dès mon âge tendre, n'ai jamais pu voir, sans un indicible plaisir, le moindre lac, le plus chétif bateau, me voilà dans un grand port de mer, au milieu des Algériens, des Grecs, des gens de tout pays, devant une multitude de navires de toute dimension... J'allume un cigare (tout le monde fume), et je fais une promenade des plus heureux badauds de la terre. Quand mon ami me rejoint, je lui expliquai déjà tout : il pouvait à bon droit s'étonner de la rapidité, de l'instantanéité de mes connaissances nauti-

ques. Pour se délivrer de mon intarissable babil, il me propose de prolonger la promenade.

Nous marchons au hazard, à gauche du port,
le long d'un chantier; nous montons par des
rues presque désertes, jusque hors de ville.
Comme nous cherchions un point de vue, nous
avisâmes au-dessus de nous une apparence de
chapelle; des mendiants priaient ou vendaient
des médailles le long d'un chemin taillé dans le
roc. Arrivés en suant à la porte de la chapelle,
nous trouvons un fort : le sanctuaire est derrière
un corps de garde; nous entrons : l'encens fumait
encore; les derniers accents d'un *Salut* en musique, chanté par des dames, retentissait encore
sous la voûte; l'enceinte était pleine de dévots
pèlerins; les murs, couverts d'ex-voto, de vues
de tempêtes, de naufrages..... Nous étions, sans
le savoir, arrivés à N.-D.-de-la-Garde!!! Nous
acceptâmes cette rencontre comme un heureux
présage, et, à la veille de nous embarquer, pour
la première fois de notre vie, nous récitâmes le
chapelet.

En sortant du sanctuaire, nous contournons
par derrière, et nous voilà sur une terrasse.
Dieu! quel coup d'œil! Il faut renoncer à le dé-
peindre : la mer, la grande mer, au loin; le so-

leil levant, des navires arrivant ou en partance ;
les uns tranquilles et amoncelés au port, les autres, à peu de distance, ouvrent au vent leurs
voiles triangulaires et blanches ; d'autres, au
bout de l'horizon, semblent des oiseaux rasant
les flots entre ciel et mer... Malgré un soleil brûlant, je serais resté là tout le jour.

Nous descendîmes pour visiter Marseille ; mais
à quoi bon voir des rues, pour qui peut voir la
mer ? je n'avais plus le cœur à la ville ; j'allai,
seul, à midi, m'établir dans un estaminet au
port. Cette sale tabagie valait pour moi tout
Marseille : Je voyais le port qui n'est pourtant
qu'un cloaque infect. L'eau est trouble ; toutes
les immondices de la ville s'y déchargent ; et les
ancres qui tombent ou qu'on lève remuent sans
cesse cette vase qui n'a pas de nom.

Nous donnâmes cependant un rapide coup
d'œil à l'antique Marseille ; elle ne présente ni
curiosités ni monuments. Malgré sa teinte un
peu orientale, rien n'y rappelle son origine
phocéenne. C'est bien, je pense, la plus ancienne
ville de France ; elle ne peut manquer de se ra-
jeunir et de prendre de l'extension, car sa position favorable sur la Méditerranée lui assure
de l'avenir ; déjà même sa population atteint
celle de Lyon.

J'aimais à entendre cette langue provençale, avec sa prosodie presque italienne; je me figurai sans peine le merveilleux parti qu'en surent tirer les anciens bardes et les troubadours.

Nous venions d'apprendre que les règlements sanitaires ne nous permettaient pas d'aller droit à Rome. Il nous fallait donc rentrer en Piémont, pour n'être pas suspects d'apporter à Rome les germes du choléra que l'on dit sévir à Marseille.

L'imprévu, en voyage, a pour moi assez de charmes, pour que j'accepte résolument cette modification à notre itinéraire. Ainsi, au lieu de cingler vers Civita-Vecchia, nous dûmes nous diriger sur Nice.

A quatre heures du soir, nous nous embarquons pour Antibes sur le paquebot le *Pourvoyeur*. Au bureau, politesse exquise, ton paternel, tout est attrayant; mais une fois à bord, capitaine bourru, équipage grossier, sâle bateau, chargé d'huile et de charbon. Il faut bien aimer la mer pour prendre le *Pourvoyeur*, qui marche mal et fait payer cher. Déplaisant *Pourvoyeur*, va!

On lève l'ancre à l'aide d'un cabestan que font manœuvrer une troupe de marins, en chantaut un certain air monotone et dolent, le même dans tous les ports d'Italie. Ils en ont tellement l'ha-

bitude qu'ils ne tirent pas un câble, qu'ils ne lè-
vent pas ensemble le moindre fardeau, sans en-
tonner cette complainte. Un matelot, à qui j'en
demandai la raison, me dit que c'était pour eux
comme le tambour pour le régiment.

Nous filâmes d'abord vivement par une mer
un peu houleuse; nous rasions de gros rochers, et
là-haut, nous revîmes N.-D.-de-la-Garde. La
nuit venait à grands pas; j'éprouvai, avec un léger mal de mer, une sorte de terreur solennelle
devant l'immensité de la mer qui clapotait en
vagues lumineuses aux derniers rayons du cré-
puscule.

Une collation un peu bachique, faite sur un
tonneau, nous fit oublier et terreurs et mal de
mer. La lune se leva, en se balançant dans les
cordages. J'allai me placer à la proue extrême à
l'avant, et, jetant au vent frais de la mer les
bouffées de mon cigare, je me laissais aller aux
plus douces rêveries. A minuit, je me jetai sur
les bagages du pont et m'endormis bravement à
la belle étoile.

30 août. — Nice. — Je me réveillai à plusieurs reprises; il faisait presque froid. L'aube
est matinale sur mer; les plus paresseux se lè-
vent à quatre heures. On se lave, on se salue;

bientôt le soleil paraît au bout de l'horizon,
comme une braise énorme qui flotterait sur mer.
Toulon et les îles d'Hyères étaient dépassés; à
notre gauche nous apercevions les côtes de
France qui se repliaient vers le nord-est, et à notre droite, au loin, quelques voiles. Notre *Pourvoyeur* marchait lentement; les passagers, à qui
l'on avait promis le débarquement pour six
heures du matin, murmuraient hautement. Nous
devinâmes plutôt que nous ne vîmes Fréjus et
le golfe Juan, si fameux par le retour de l'île
d'Elbe. Enfin, à midi, nous abordons à Antibes :
c'est une petite ville, déserte et bien déchue de
l'importance qu'elle avait au temps des Romains;
on y remarque encore des restes de fortifications.
Nous quittons tous avec joie le vilain paquebot
et nous voilà à la quête de voitures.

Après un moment de repos dans un restaurant
où, par parenthèse, on murmurait hautement
contre la République, à cause de la stagnation
du commerce, nous montons en voiture et nous
arrivons bon train au pont du Var. Nice était à
notre vue depuis Antibes; nous voilà de nouveau
chez nous. Du pont du Var on arrive à Nice en
quelques minutes par omnibus. Je causai avec
un jeune Espagnol qui m'apprit, moitié en ita-

lien, moitié en espagnol, qu'il allait à Rome pour
se marier. Les Espagnols fument comme des
Suisses et boivent comme des anachorètes.

Nice est une jolie ville, en partie neuve, mais
un peu déserte pendant l'été. Les volets fermés
de ses beaux hôtels me rappelaient les hôtels
d'Aix et de Chamonix fermés en hiver ; seulement, c'est l'inverse pour la saison, et les Anglais, comme les hirondelles, savent se faire des
nids confortables selon les saisons. Nous avons
trouvé, à Nice, l'air doux et frais ; la mer est magnifique ; mais il n'y a point de port ; c'est une
baie tout ouverte au midi et abritée au nord, à
l'est et à l'ouest par des montagnes.

Nous soupons avec des ecclésiastiques français, arrivés de Marseille avec nous et en voyage
pour Rome. Ils ignorent encore que nous sommes pour eux des confrères ; aussi sont-ils toujours plus agréablement surpris de voir des laïques qui font maigre, qui disent leur *benedicite* et
qui préfèrent leur société à celle des autres voyageurs. Comme laïques, nous étions édifiants.
Nous convenons, mon ami et moi, que nous
jouerons avec eux à ce jeu jusqu'à Rome.

31 août. — LA CORNICHE. — Nous avions
trouvé à grand'peine deux places sur la ban-

quette de la diligence. Nos Français ne peuvent
nous suivre ce jour-ci. On sort de Nice; bientôt
on attaque une montée qui dure plus de deux
heures. La route est solitaire et rebutante; mais
dès qu'on touche au sommet on est largement
dédommagé. Le regard plane à perte de vue sur
la mer, qu'illumine, ou plutôt, qu'enflamme le
soleil d'Italie. Le char volait au sommet de la
montagne et me rappelait la course échevelée
de Phaéton. Du haut de notre banquette, nous
voyons la mer à nos pieds, là-bas, à plus d'une
lieue de distance, et, presque perpendiculaire-
ment au-dessous de nous, Villafranca, le Toulon
sarde. Nous étions sur la fameuse route de la
Corniche! A Turbia, relai. De là, la route s'é-
lance à la descente, par pentes rapides, en zig-
zag brusques. C'est à donner le vertige. Nous
passons à côté d'une voiture qui a versé; à deux
pas de là, la chaîne de notre sabot se rompt,
dans une descente horrible; le postillon retient
vivement ses chevaux, qui s'acculent contre la
voiture et nous ne descendons plus qu'au pas, en
admirant les petits Etats du prince de Monaco,
petit royaume pour rire, qui a eu aussi sa révolution et qui est occupé maintenant par nos troupes. Nous voyons le palais du prince au bord de

la mer. Nous nous amusions encore de cet empire
lilliputien, quand notre voiture s'arrêta tout-à-
coup devant une grande maison, pour y perdre
une forte heure : c'était la douane piémontaise.
Voilà ce que nous valait cette enclave. On a jus-
tement le temps de fumer un cigare d'une frontière à l'autre.

Nous sommes de nouveau dans la plaine, à
quelques pas de la mer. Nous voilà à Vintimi-
glia, singulière position : on entre par un petit
fort, on pénètre dans une petite rue étroite et
tortueuse, dont la pente devient bientôt si rapide
que tout le monde descend ; on passe un long
pont de bois qui n'atteint pas l'autre bord du
large lit du torrent, maintenant à sec, et nous
voilà au bord de la mer. Les caps s'avancent, les
anses reculent et l'on voit de petites villes deux
ou trois heures avant d'y toucher. — A San-
Rémo, nous prenons une collation dans une petite auberge : ce sont de petits poissons bleus,
moins savoureux que les poissons de nos riviè-
res. — Alassio, Albenga, Oneille, Loano.— C'est
à Albenga que la nuit nous prend. — Dès ce
moment, le voyage a quelque chose de fantastique : à droite toujours la mer, qui, la nuit, semble une glace étamée et que sillonnent quelques

voiles; à gauche la chaine des Apennins qui se
relient aux Alpes par le col de Tende. Les ombres s'épaississent et l'on ne peut plus se rendre
compte des accidents de terrain, mais ils doivent
être très-pittoresques. Quand on trouve une de
ces petites villes, nombreuses sur la route, la rue
est si étroite qu'à peine la voiture peut passer.
Les coups de fouet du postillon retentissent
comme dans un corridor. Quelques promeneurs
attardés regardent passer la voiture. Il me vient
l'idée singulière que voilà des gens que je vois
une minute, pour ne les revoir qu'au jugement
dernier.

A Finale, la route se détourne de l'est, et, cé-
dant devant la mer qui la repousse, elle s'en-
fonce au nord; on passe sous des tunnels, entre
des rochers, sur des terrasses. Une lumière qui
brille au loin (il est minuit), est le phare de Gênes, qu'on ne verra qu'à huit heures du matin.
Le sommeil m'accable; je lui cède de temps en
temps, au risque de tomber sous les pieds des
chevaux. Le froid de la mer est piquant; le temps
m'est long. On ne parle plus dans la diligence;
on ne voit rien; on n'entend rien; on ne pense à
rien : on roule stupidement.

1er *septembre.* — GÊNES. — A trois heures du

matin, nous avons vingt minutes de repos à Savone dont on n'aperçoit qu'un quartier à la dérobée. Les souvenirs que cette ville ne peut manquer de réveiller dans un prêtre, puis quelques pas faits sur la route, dissipent le sommeil. De là, la route est fort accidentée : on a des descentes rapides, des montées rudes. On rencontre des paysans matineux qui vont à la messe ; enfin le jour arrive.

On passe à côté d'un pont arqué, comme celui de Saint-Marc à Venise ; il semble qu'on n'avance pas, malgré la rapidité de la course : puis, on commence à traverser des lieux habités ; ce sont des villages, de petits bourgs, des églises ; le mouvement augmente, les voitures circulent ; enfin je pensais toucher à Gênes, lorsque voilà encore un *relai*. Depuis là, la route est comme une rue continuelle. A Voltri ou à Sestri, je voyais une anse, quelques grandes barques ornées de banderolles de fête, quelques belles maisons : je crois que c'est enfin Gênes et j'en fais la remarque au postillon, en ajoutant que Gênes n'est ni si grand ni si beau qu'on me l'avait dépeint. Le Génois me regarde, lève les épaules et, sans me répondre, fouette ses chevaux. A une seconde question, il me répond avec

humeur : Diavolo! Zène, il est pas là! Voyez-
vous pas? — Il avait raison, le digne postillon;
mais comme la route est bordée d'habitations
toujours plus confortables, je me fatigue à penser au point précis où commence la ville.

Tout-à-coup la route tourne autour du phare;
on passe sous une porte, devant un corps de garde
où je reconnais nos bons soldats de la brigade de
Savoie, — et voilà le plus magnifique panorama!
Gênes était là! palais, vaisseaux, foule, soldats,
équipage; je restai ébloui, aveuglé. Bientôt nous
montons par ces rues de palais, Strada nuova,
nuovissima. L'abbé R., aumônier savoyard, passe
à côté de nous; je le salue; il ne me reconnaît
pas. Nous allons loger à la *Pension Suisse*. J'é-
tais éreinté : il y avait vingt-six heures que j'é-
tais juché sur la banquette, recevant à satiété
les rayons du soleil, la poussière, le serein de la
nuit. Ce que je trouvai d'abord de plus beau, ce
fut un canapé dans une petite chambre où l'on
pouvait *former jusqu'à six pas*, et de la fenêtre de
laquelle on voyait un mur à trois pieds de distance.

C'était dimanche; nous allâmes entendre la
messe dans une petite église voisine de notre
hôtel; puis nous nous promenâmes par cette mer-

veilleuse et riche ville de Gênes : troupes de
toute arme, surtout de bersagliers, qui semblent
là des vainqueurs. On dit que le peuple ne les
voit pas avec plaisir. Au reste nous avons trouvé
et vu les traces des balles sur les murs du palais
Doria, maintenant changé en caserne. Nous admirons le palais ducal, la rue Neuve, dont toutes
les constructions sont autant de palais. Mais la
lassitude m'ôte tout plaisir. D'ailleurs mon cœur
était ailleurs; je cherchais mon pauvre frère;
j'appris que le matin même il était allé en garnison au fort de la Tenaille.

Je louai une monture, façon de cheval sauvage. Ce petit diable parcourait au galop la
pente rapide qui monte à la Tenaille. Au bout
d'une demi-heure j'arrivai. On me fit passer devant des sentinelles, sous des voûtes, par des
cours, par des portes ; partout j'exhibai le permis dont je m'étais muni. Enfin devant un long
et bas logement, j'entre; on me fait descendre
dans des casemates. Mon frère appelé parut. Il ne
me reconnut d'abord pas sous mon habit laïc. Sa
surprise fut presque pénible pour lui, tant il y
fut sensible, surtout que je le trouvai souffrant.
Mon Dieu! il nous avait quittés dix-huit mois
auparavant, pour ne plus revoir sa pauvre mère.

Nous nous promenâmes longtemps, en parlant de la bonne mère, de la famille, du pays, de Gênes, de Novare, où mon pauvre conscrit était allé apprendre l'exercice de Radetski. Nous avions mille choses à nous dire ; le cœur me battait et, malgré le soleil, j'éprouvais comme des frissons. Enfin lui montrant à nos pieds le port de Gênes que traversait actuellement un paquebot en partance, je lui dis : demain, quand tu verras partir un paquebot après-midi, tu me sauras sur la route de Rome. Il ne put lui être accordé de m'accompagner en ville. Je dus le quitter devant une porte qu'on ouvrit et ferma devant nous avec force verroux et clés. Il me semblait que je le laissais dans une prison. Nous nous embrassons à la hâte, le cœur bien gros ; je m'enfuis pour ne pas lui laisser voir mes larmes !

J'allai m'asseoir, pensif, sur une élévation qui domine le fort. Là, pour me distraire, je me pris à contempler tour à tour la montagne avec ses forts, Gênes au centre de laquelle on distingue, comme deux taches blanches, les ruines encore fraîches du Castelletto et de Saint-Georges, beaux exploits de la garde civique ; je me rappelle le vers de Virgile que ne démentent pas nos Liguriens modernes :

Vane Ligur, nequicquam animis elate superbis.

Le souvenir de Mazzini, citoyen de Gênes, ne modifiait pas dans mon esprit le jugement du poète. Christophe Colomb serait la plus belle gloire de Gênes, si elle ne l'avait traité de visionnaire. Mes regards plongeaient sur le port qui avance ses deux collines, comme des bras. Je ne sais ce que j'éprouvai de triste en voyant cette merveilleuse cité livrée aux passions politiques, gardée par l'armée nationale comme une ville conquise. Je descendis lentement, et une promenade par les rues finit la journée.

2 septembre. — Le lendemain, en sortant de notre hôtel, nous rencontrâmes la brigade de Savoie revenant de la manœuvre. Ce fut avec bonheur que nous reconnûmes le type savoyard sur ces visages pourtant brunis par le soleil d'Italie et encore altérés par les campagnes des deux années précédentes. Nous allâmes prendre un bain et nous promener au Bisagno; puis descendant par l'ancien collége des Jésuites, nous arrivâmes dans des rues assez désertes en dehors de la ville. Là je vois pour la première fois marcher un bataillon de bersagliers au pas gymnastique, trompette en tête. La chaleur devenait fatiguante. Nous fîmes une visite à M. l'aumônier R., ancien compagnon d'étude; il eut la complaisance de nous faire mieux connaître Gênes. L'église de l'Annunciata est superbe ; je n'avais rien imaginé de pareil ; tout est marbre, dorures ou peintures : la voûte paraît étincelante.

En allant visiter un hôpital, nous rencontrâmes nos ecclésiastiques français ; ils nous annoncèrent qu'ils partaient le soir même pour Rome. — Nous courûmes arrêter nos places et, à cinq heures du soir, nous sortions gais et joyeux du port de Gênes pour Livourne. Notre bateau, le *Nuoro Colombo,* était beaucoup plus confortable que le *Pourvoyeur.* Gênes est superbe, en amphithéâtre, vue de la mer. Nous fuyons avec rapidité.

Un grand moine blanc, parleur intarissable, dégoisait haut, vivement, toujours. Il voulait confondre à lui seul tous les ennemis de la religion et de la société. Le digne homme excitait une sorte de curiosité moqueuse parmi les passagers. Pour moi, j'étais peiné et honteux. Son babil incessant faisait déguerpir les plus patients et bien avant dans la nuit, quand je cherchais le sommeil sur ma couchette, bercé au roulis désagréable du navire, j'entendais encore mon moine blanc déclamant toujours. J'avais les nerfs agacés ; c'était à devenir méchant, vorace, mazzinien...

Après d'inutiles efforts pour trouver le sommeil, dans cette espèce de hamac où l'on étouffe dans une étroite salle dont l'air est vicié par les odeurs des vivres et l'haleine d'une trentaine de dormeurs, je remontai sur le pont : il était minuit ; tout dormait, même le moine. Seulement, les hommes de quart étaient sur le pont, le contre-maître, se promenant à grands pas pour se réchauffer, et le pilote, immobile à la roue de la barre.

Je m'assis rêveur. Les lanternes du paquebot, avec leur lueur rougeâtre, suivaient dans leur mouvement le roulis du navire, qui fendait bruyamment les flots avec son tictac retentissant. Je comparais ce que j'avais déjà vu de marine marchande ou autre avec les vaisseaux dont Homère nous fait la description ; j'admirai l'immense supériorité que la découverte de la boussole, de la vapeur et du vrai système du monde avait faite à la navigation moderne. Je bénissais en silence la Providence pour les fruits d'apostolat et de civilisation que produit cette merveilleuse facilité de locomotion sur terre et sur mer. Puis, des malheurs, des désastres m'apparaissaient aussi sortant accidentellement de l'abus ou de la malice des hommes. — Pour le moment, j'exploitais avec bonheur le bénéfice de ces progrès.

Voilà donc l'Italie dont la lune éclaire les côtes sur notre gauche; de ce côté, loin devant nous, Capraïa, et plus loin la Corse et la Sardaigne... Souvenirs de mes montagnes, vallons, chalets, glaciers, paisibles habitants, amis et parents, ah! venez; que vos douces images m'accompagnent aux bords où fut Rome, la Rome des Césars, grande et tyrannique; où règne la Rome des papes, grande et puissante toujours! Alpes, Apennins, Annibal, Napoléon, Saint-Pierre et Pie IX!!!

Le froid et le sommeil me saisirent à la fois; je m'endormis parmi des matelots sur un câble roulé.

3 septembre. — Livourne, Florence. — Cette fois, le soleil ne sortait pas des flots, mais s'élançant par derrière les côtes d'Italie et nous apparaissant en même temps sur l'horizon et dans le cristal de la tranquille mer, il nous éblouissait. Nous touchions à Livourne et nous ne l'avions point aperçue, perdue qu'elle était à nos yeux dans des flots de lumière.

Il était six heures et demie quand notre paquebot entra dans le port si vivant de Livourne;

les navires l'encombraient et le nôtre eut d'a-
bord de la peine à se loger. Les officiers de santé
vinrent à bord visiter et compter l'équipage. Les
formalités nous retinrent plus d'une heure ; je ne
me plains pas de ces retards ; une scène émou-
vante vint s'offrir à mes regards. Toute une famille allemande vint sur une nacelle accoster le
paquebot, en attendant d'autres membres de la
même famille embarqués avec nous ; leurs ges-
tes, leurs saluts, leurs cris de joie, surtout les
transports de bonheur d'un enfant de six ans qui
reconnaissait sa mère avec nous, ces phrases
pleines de caresses en cette langue allemande,
la langue de ma mère, la langue de ma première enfance, les larmes de tendresse que ré-
pandait cette mère : tout ce spectacle m'évouvait
profondément.

En descendant sur le quai, on est assailli par
une armée de *facchini*, portefaix qui rendent le
débarquement fort désagréable, si l'on n'y est ha-
bitué. Je me mis assez vite au courant ; rappelant
à ma mémoire tout ce que je savais de jurons, je
me mis à tempêter en français, en italien, en al-
lemand. Grâce à ces apostrophes énergiques et
polyglotes et, plus encore, grâce à la pauvreté de
mon bagage tout entier dans un sac militaire

que je portais victorieusement sur le dos, je parvins à m'ouvrir un passage. Mon ami me suivait, imitant assez bien ma sauvage pantomime.
Nos Français, en soutane, encombrés de bagages,
furent littéralement dévalisés; peu s'en fallut
qu'on ne les portât eux-mêmes. Pour nous dé-
barrasser de tant d'officieux intéressés, nous in-
diquâmes l'hôtel de la Ville-de-Paris dont l'é-
norme enseigne se lisait du fond du port : belle
enseigne, mais pauvre intérieur! Que de choses
dans ce monde sont comme l'hôtel de la Ville-
de-Paris!

A midi, nous prenons le train pour Florence.
Le tourbillon de la vapeur nous emporte sans
cesse ni trève à travers une campagne bien cultivée, mais sans paysages. Bientôt on découvre
un magnifique dôme; je reconnus Florence dont
j'avais vu une mauvaise gravure dans le *Musée
des Familles*... Cette capitale a un air de Chambéry, non sans doute pour ses dimensions ou sa
population, car Florence dépasse cent mille âmes,
mais parce que ses habitants sont doux, polis,
bienveillants et point bruyants. Ils regardaient
avec une curiosité naïve et discrète, qui m'étonnait dans une capitale, notre petite voiture de
place encombrée de sept voyageurs, se prome-

naut ensuite à pas lents par les rues peu régulières de cette ville.

Nous visitâmes d'abord la cathédrale, édifice
grandiose, tout quadrillé de marbres clairs et
sombres comme un échiquier, mais nu et sans
ornement dans l'intérieur. Ce contraste choque
et surprend en Italie. Après avoir parcouru à
l'intérieur cette enceinte immense, j'en fis le circuit extérieur : c'est une place au marché, mais
paisible comme le reste de la ville. Ce n'est
plus la bruyante, la mauvaise tête de Livourne,
peuple braillard et remuant, mais une bonne
et charmante ville, *bien sage,* sous le beau ciel
d'Italie, avec des monuments superbes. C'est un
séjour séduisant. Plusieurs magasins, gracieux
comme des reposoirs de Fête-Dieu, contiennent,
en plein vent, des bouquets, des fleurs, des oran-
ges... Au pied d'une maison voisine on voit as-
sise la statue de l'architecte de ce temple monu-
mental, qui, un plan roulé à la main, lève les regards vers le dôme, son chef-d'œuvre. Près de
l'entrée, mais séparé de l'édifice, s'élance, avec
ses marbres aussi quadrillés, le magnifique Campanile ; et devant l'église, sur une petite place,
le Baptistère dont les bas-reliefs de ses portes en
bronze font l'admiration des hommes depuis des
siècles.

De là, nous nous rendons devant le palais
Pitti, résidence du grand-duc. Les Autrichiens
en faisaient la garde. Ce fut avec une curiosité
mêlée de mauvaise humeur, que je regardai ces
soldats, à l'habit blanc, les mêmes qui venaient
de nous montrer si bien le chemin du Piémont, à
notre visite de Somma-Campagna. Puis, il y
avait quelque chose qui m'attristait, qui m'aigris-
sait en voyant un souverain, dans sa capitale,
ayant pour gardes du corps les vainqueurs de
son peuple. C'est une honte que je voudrais voir
épargner à ma patrie.

Le palais Pitti est un vaste édifice à un seul
étage; sa façade, en énormes blocs grossièrement taillés, présente un aspect étrange, plein
d'une majesté sévère. Nous pénétrâmes dans le
vestibule et nous visitâmes cette magnifique galerie de tableaux; mais, comme ce n'était pas
l'heure, nous dûmes nous contenter de quelques
salles et nous promettre d'y revenir le lendemain.

Nous sortions, lorsque nous fûmes dépassés
par le grand-duc, seul avec sa famille, dans une
calèche découverte et précédée seulement d'un
piqueur. C'est un homme qui porte sa cinquantaine, moustaches et cheveux gris. Nous des-

cendîmes de notre fiacre, pour saluer cette majesté violée par les faux patriotes de l'Italie. Charles-Albert, Léopold, Pie IX, victimes augustes, jetées au lion populaire dans l'arène des révolutions, pour longtemps votre exemple servira à l'instruction des rois qui prêteraient l'oreille aux flatteurs !

De là, nous nous dirigeâmes vers Santa-Croce, panthéon de la Toscane ; c'est une vieille église, la plus vaste après le Duomo ; sur sa façade, deux tables de bronze contiennent les noms des Toscans morts à Curtatone ! Et les Autrichiens sont là ! J'ignorais les curiosités de cette église ; d'ailleurs il faisait déjà sombre. Quel ne fut pas mon religieux étonnement, mon profond saisissement, en passant devant une longue rangée de mausolées, placés contre les murs de la nef, sur lesquels je vis successivement les noms de Michel-Ange, de Dante, d'Alfieri, de Machiavel, de Caïetan, de Leonard, de Micheli, de Nobili ; puis un tombeau des Bonaparte, celui de Zamoïski, le plus beau de tous. J'y remarquai aussi un Christ, mort sur les genoux de sa Mère, dont l'expression m'émut profondément... Mais la nuit nous ramena à notre hôtel de Porta Rossa.

Cet hôtel, comme beaucoup de maisons à Flo-

rence, offre une singulière architecture qui doit
remonter au moyen-âge, alors que les Guelfes et
les Gibelins se faisaient la guerre de ville à ville,
de rue à rue, de maison à maison. La base de
l'édifice est plus étroite que le premier étage;
celui-ci s'avance, appuyé sur de grands créneaux
qui surplombent sur la rue, comme pour défendre l'entrée contre les assiégeants.

Nous étions brisés de fatigue.

4 septembre. — FLORENCE, PISE. — De bonne
heure, mon compagnon et moi, laissant là nos
Français, toujours trop lents malgré leur viva-
cité, nous sommes sur pied, le plan de Florence
à la main. Nous voyons Saint-Laurent avec son
beau cloître et ses merveilleuses peintures; elles
sont un objet d'admiration et d'étude pour les
artistes : les draperies sont mal tracées, comme
on voit les grossiers et raides dessins des anciennes gravures; mais les visages ont un naturel, un fini et une expression qui désespèrent
même les maitres de l'art. — Nous voyons ensuite Saint-Marc, où l'on admire le tombeau de
Pic de la Mirandole, enseveli, selon l'épitaphe,
avec son meilleur ami. Nous rencontrons une
inscription, sur la maison N° 163, qui atteste
que saint Louis de Gonzague demeurait là. C'est

à bon droit que l'église du Saint-Esprit est re-
gardée comme un modèle d'architecture; comme
l'église de Saint-Laurent et le Duomo, elle est
l'œuvre de Brunelleschi dont Michel-Ange a reproduit ailleurs les merveilles en leur imprimant
le cachet particulier de son génie. Nous devions
partir à midi; nous n'avions le temps ni d'exa-
miner ni de respirer. Nous étions à jeun, mais le
temps était trop précieux; nous achetons du pain
et nous grignotons furtivement par les rues, entre deux monuments à visiter. Par un heureux
contre-temps, nos passeports nous retinrent quelques heures de plus à Florence.

Nous en profitâmes pour visiter la fameuse
galerie Médicis, puis, à notre aise, les salles inap-
préciables du palais Pitti; mes yeux et mon imagination, encombrés, écrasés de tant de trésors
d'art, commençaient à se fatiguer, comme l'esto-
mac d'un goinfre à une table abondante et splendide. Nous parcourûmes aussi le musée où l'on
admire la riche collection anatomique en figures
de cire; mais ces chefs-d'œuvre plastiques, avec
leur nudité, ressemblent tellement à la réalité
que, en sortant de l'enceinte, je sentais la défail-
lance et le dégoût me gagner le cœur..... Nous
étions enchantés de Florence.

A cinq heures, le train nous dépose à Pise, vieille ville déserte, sans commerce, sans cour, on dirait presque sans habitants. En petit, Chambéry serait Florence ; Livourne, Albertville ; et Pise, Conflans. La nuit approchait ; nous courons visiter la cathédrale, vaste temple bâti dans un style néo-grec, la place Cavalieri, la tour d'Ugolin. Nous n'avons qu'un instant pour admirer la tour penchée ; on craindrait d'abord de se tenir du côté qu'elle incline, car son centre de gravité semble sortir de la base ; mais on se rassure bien vite quand on songe qu'elle est là depuis six siècles. Le *Campo-Santo* attira aussi notre attention par ses monuments antiques et sa remarquable architecture. Mais le temps vole avec de pareils spectacles. Il était nuit close. Nous revenons à la gare, en maugréant contre notre sot empressement, qui nous fait ainsi courir en quelques heures pour voir en passant ce qui demanderait au moins de dix à quinze jours. Pise et Florence mériteraient une plus large place dans l'itinéraire d'un véritable amateur, comme elles en ont occupé dans l'attention de l'Eglise ; nous nous rappelions en effet que c'est à Pise qu'elle tenta d'étouffer ce long schisme qui ne devait s'éteindre qu'à Constance et que c'est à Florence

qu'elle tenta la réunion des églises photiennes
au siége romain, centre de l'unité. — Mais nous
tenions à arriver à Rome pour le 8 et le temps
s'abrégeait.

Le chemin de fer nous emporte; son panache
de feu se courbait en tourbillonnant au milieu des
ténèbres de la nuit et en se prolongeant sur la
suite des vagons, comme la colonne miraculeuse
du désert. Nous traversâmes l'Arno sur un pont
retentissant. Il était dix heures quand nous arrivâmes à Livourne, devant notre triste *Hôtel de
Paris.* Nous causions avec calme, mais sans gêne,
lorsqu'une patrouille autrichienne nous imposa
silence. Ma foi! les Livournais, depuis quelques
années, avaient tant braillé, que, par expiation,
nous pouvions à peine chuchotter. — Notre hôtel n'ayant plus assez de lits pour sept voyageurs que nous étions, nous dûmes, M. D. et moi,
loger dans une maison voisine, qui nous rassurait
assez peu sur la mine de nos nouveaux hôtes.
Nous aurions voulu pouvoir nous barricader dans
notre chambre..., puis, jamais nuit plus tranquille, ni sommeil plus réparateur!

5 septembre. — LIVOURNE. — Matinée lourde
et monotone. Je me surprends à m'ennuyer à
Livourne. C'est pourtant une jolie ville, popu-

leuse, pleine de mouvement. Elle est trop jeune
pour avoir des monuments très-remarquables.
Que m'importe sa grande synagogue réputée la
plus merveilleuse, avec celle d'Amsteidam? Je
vais me cacher dans une église solitaire, pour
réciter mon bréviaire. Dans la rue principale, sur
un balcon, flotte le drapeau tricolore italien du
Consul sarde. Ce drapeau, qui ne m'a pas toujours été bien sympathique, me fait plaisir ici :
j'aime à le voir flotter à la barbe des Autrichiens.
Pendant que je me promenais ainsi dans ma
politico-flânerie, je vois venir à moi mon ami
tout agité. Il me cherchait depuis longtemps et
comme Livourne a 80,000 habitants, il avait
quelques chances de ne pas me rencontrer. C'é-
tait pour m'annoncer que le Saint-Georges était
en partance pour Civita-Vecchia ce jour même.

A trois heures, nous nous embarquons, fâchés
de laisser la Toscane, enchantés de quitter Livourne, mais plus heureux encore de voguer vers
Rome! En sortant du port, nous voyons au milieu
de l'horizon empourpré par le soleil couchant les
iles de la Gorgone et plus au midi Capraïa, à sa
droite la Corse, et devant nous l'ile d'Elbe; Corse
et Elbe! le commencement et la fin!

Le temps était superbe. Installés sur le pont,

nous devisons , nous discutons, nous échangeons
nos remarques et nos impressions. J'avais le cœur
à la joie et ce fut avec toute la voix dont je suis
capable que j'entonnai le *Salve, Régina; l'*étoile
du soir semblait nous sourire dans les cieux.

6 septembre. — CIVITA-VECCHIA. — Le matin, ré-
veillé de bonne heure, comme on l'est en mer, je
montai sur le pont, plusieurs voiliers voguaient
à notre droite, au loin à notre gauche la côte était
basse : c'était l'Etat romain. Nous touchions à
Civita-Vecchia dont le port est moins animé,
moins bruyant surtout que celui de Livourne.
Dans une plaine voisine manœuvrait un régiment
français. De vieilles fortifications entourent le port.
Quelques canons nous ouvraient leur gueule sur
le port; ils n'avaient point parlé au débarquement des Français en 1849 et la bannière ponti-
ficale, blanc et jaune, flottait sur un grand édifice
de forme ronde. On voyait quelques *campanili*
surgir de cette petite ville que ceignent des tours
basses et circulaires. Devant nous s'élevait le bâti-
ment de la douane, avec une sorte de façade où
l'on peut lire : ALEXANDER VII PONT. MAX. — J'eus
plaisir à voir le nom d'un pape décorer un édifice
public; c'était pour moi le premier témoignage
écrit et sur place de son autorité temporelle. —

Je saluai ce nom auguste d'une acclamation et je me souvins avec émotion que c'était précisément ce pape qui avait canonisé notre aimable saint François de Sales.

A 9 heures, débarquement. — Chacun, de courir aux passeports, parce que la diligence part pour Rome à midi. Mais le Monsignor de la police n'ouvrait ses bureaux qu'à midi. Une centaine de passagers tourbillonnaient dans une salle servant d'antichambre à l'invisible Monsignor. Comme tout ce tapage qui se faisait avec force réflexions saugrenues, tournait à l'émeute, tout à coup les portes s'ouvrent à deux battants et un petit vieillard ratatiné paraît majestueusement : il ne dit mot, toise du regard quelques-uns des turbulents, puis referme les portes. Un instant après, on nous fit dire que, si nous n'étions pas sages, nous n'aurions point de passeport de ce jour entier. Les plus mutins se rangèrent. A midi, on livre les passeports avec une lenteur pleine de dignité. — Et nous pouvons encore partir par la diligence de midi. Ainsi, sans nuire à nos projets, le Monsignor de la police venait de nous donner une utile leçon que nous méritions bien.

La route parcourt une lande sauvage au bord de la mer. Nous rencontrons quelques vieilles tours carrées avec une porte bien élevée au dessus du sol, à laquelle on n'arrive qu'au moyen d'une échelle. Je pense que cela s'est bâti dans le moyen-âge, alors que les Barbaresques venaient si souvent visiter en pirates les côtes d'Italie. On passe sur quelques ponts neufs construits à côté de ponts anciens, aigus comme des arceaux gothiques. Au premier relai, le postillon descend et demande la *mancia* (pour boire.) Comme le prix du trajet était au moins le triple de ce qu'on payerait ailleurs, nous rejetâmes la demande de l'automédon. — Il devint blême de colère, cracha contre la voiture, nous appelant riches canailles. Hélas! il se trompait le digne homme aux longues bottes; nous n'étions ni *riches* ni *canailles;* seulement barbares Allobroges, il nous répugnait de voir le Romain tendre la main et vouloir ainsi nous exploiter. — Du reste nous eûmes dès lors mille occasions de nous assurer qu'il en est ainsi partout, aux relais, aux douanes, aux polices, à l'hôtel, à la rue et jusqu'en sacristie. Je conviens donc que, de prime-abord, je fus vexé de ces importunes exigences. A la longue, on s'y fait; c'est d'ailleurs moins ruineux qu'on ne pourrait croire. Avec quelques pièces de menue monnaie, quelques baïoques, on obtient la paix et l'on fait des heureux. Pour moi, j'aime encore mieux les mendiants italiens que les escrocs de Paris ou les filous de Londres.

Quoique le voyageur puisse librement détester cet usage, ou si l'on veut cet abus de la *mancia*, il ne peut sans injustice, en faire remonter l'odieux au pape. Loin de l'accréditer ou d'en bénéficier, il s'applique, mais en vain jusqu'ici, à l'extirper. Combien de choses, d'ailleurs, pires que celle-là, nos gouvernements prétendus plus civilisés ne sont-ils pas condamnés à tolérer? Et puis, en quoi blesse-t-elle le droit des gens? Ne coule-t-elle pas spontanément de tout cœur bien né, après un service rendu? Le plus sûr préservatif contre cette *mancia* si décriée est de rester chez soi, de refuser toute obséquiosité et tout service, d'être à soi-même son concierge, son facteur, son valet de chambre et son factotum. — Parmi ces puritains de la société et ces incorruptibles qui se font un jeu de flageller le pape sur le dos de ses sujets, serait-il inoui ou même rare d'en trouver qui, au prix de la *mancia*, vendissent leur probité ou achetassent des soubrettes? Je lis dans le code pénal que la concussion, vilain genre de *mancia*, est prévue comme un crime bien possible; je lis dans l'histoire que l'incorruptible

Robespierre avait des tricoteuses sous sa main....

A Palo, vieux château, encore sur le littoral,
deuxième relai. Nous y rencontrons un bataillon
de chasseurs de Vincennes, revenant de Rome.
Ces braves n'en peuvent plus de chaleur et de
fatigue; ils laissent derrière eux des trainards
disséminés sur le parcours d'une lieue. Troisième relai : Castel-Guido. — La route est toujours déserte et triste. De là nos regards pouvaient plonger sur le bassin de Rome, — et nous
distinguâmes la coupole de Saint-Pierre. O mon
Dieu! comme le cœur me battait! Il me semblait que j'entrais dans un de ces songes dorés
où l'on rêve qu'on est en voyage et qu'on touche
au terme, longtemps poursuivi, de la félicité.
Rome! Rome!

La nuit approchait; la route se prolongeait au
milieu d'une campagne inculte et déserte; de petites collines ondoyaient et se perdaient à l'horizon. Pas un arbre, pas une lumière, pas une
maison. Cette majestueuse solitude de la campagne de Rome a je ne sais quoi de triste et de
solennel qui remplit l'âme de recueillement et
de terreur. On garde le silence. Que dire, en effet, au milieu des mille pensées que l'approche
de Rome fait naître ou réveille dans l'esprit ? Je

me souvenais d'avoir lu, bien jeune, à Mélan,
ces mêmes impressions dans Châteaubriand; je
ne veux ni les transcrire ni les imiter; j'exprime
seulement ce souvenir d'enfance qui me pour-
suivait alors.

Que j'étais loin de penser, il y a seulement
quelques années, qu'à mon tour je viendrais
aussi fouler de mes pieds cette cendre auguste
des martyrs et des héros. Souvenirs de collége,
rêves de jeune homme, lectures de toute ma vie:
c'était toujours Rome; puis au séminaire, puis
surtout comme prêtre c'est encore Rome qui est
le centre et la règle des pensées, des paroles et
des meilleurs mouvements de l'âme; depuis la
version et la férule de huitième, jusqu'à la chaire
de la prédication, c'est toujours Rome! Je me
sentais oppressé de tant de pensées et d'émotions que je n'en pouvais plus; — et la voiture
avançait toujours, roulant dans sa route droite
et monotone. — Bientôt quelques murs de jardin, puis quelques habitations nous annoncèrent
l'approche de la ville. — Tout à coup la route
devint rapide; une descente scabreuse se jette
par la pente du monte Mario à travers quelques
maisons. — Je vis tout près se dresser la sil-
houette de Saint-Pierre. Dieu! nous étions sous
les remparts!.....

A la porte Cavallegieri, exhibition de passeports, retards inévitables, nouvelle impatience,
mais mieux contenue. — Dès longtemps il faisait nuit. Notre voiture se remet en mouvement
par une rue qu'éclairent mal des reverbères à
l'huile. On se croit au faubourg Nezin à Chambéry. Puis on passe le Tibre sur le pont Saint-
Ange et, de là, souvrent devant nous des rues
plus larges et mieux éclairées. — Nous nous arrêtons enfin sur une petite place devant une
grande porte cochère. C'est l'hôtel de la Minerve.
Des serviteurs ou sommeillers, à l'air honnête et
parlant français, nous introduisent à l'hôtel.
Nous avions encore plus besoin de repos que de
réfection : il était dix heures. — J'étais heureux
d'arriver de nnit : demain je serai tout frais et
mieux préparé pour de nouvelles émotions.

7 *septembre.* — Rome. — Je me réveillai de
bonne heure. Se réveiller à Rome! Je craignis
un moment de rêver. Mais c'était bien une réalité;
le cœur me battait vivement. — J'aspire un peu
d'air frais à la fenêtre. Il me semblait que c'é-
tait une autre atmosphère qu'ailleurs; j'étais
dans la ville éternelle. Malgré mon impatience
de sortir, il ne m'en coûta pas de bien faire ma
prière; puis, avant le réveil de mon compagnon,

je me glissai hors de l'hôtel, comme pour m'es-
sayer et je m'aventurai tout doucement aux environs. Devant notre hôtel s'ouvrait une place ;
au centre, s'élevait une fontaine, surmontée d'un
petit éléphant, lequel sur son dos portait un obélisque comme celui de Charles-Félix à Chambéry. D'un côté, l'église de Sainte-Marie-della-
Minerva, construite sur l'ancien temple de
Minerve ; à gauche, par une petite rue adjacente,
je débouche sur une autre place, servant de
marché aux fruits. Une vieille façade toute
noire, précédée de grosses colonnes formant une
sorte de péristyle, attira mes regards ; j'entrai,
c'était une église de forme singulière : toute
ronde, sans fenêtre, éclairée seulement par une
ouverture circulaire au sommet de la coupole ;
tout à l'entour, sont placés de petits autels, puis
le tombeau de Rapaël. Et tout cela portait un
cachet d'antiquité, si c'était le Panthéon ? me
dis-je.

En effet, je venais de voir, sans m'en douter,
le monument le plus parfait de l'architecture romaine, que les siècles nous aient conservé ; aujourd'hui c'est l'église de la Rotonda ; elle est
dédiée à tous les saints, après avoir été dédiée
par Agrippa à tous les dieux. J'eus bien du plai-

sir à voir cet impérissable monument constater
le triomphe du christianisme sur l'ancien paganisme. Des inscriptions latines que je lus en sortant de ce temple achevèrent ma conviction. Ce
monument auguste ne frappe point par sa gran-
deur : il est malheureusement enseveli, ou plutôt, emplâtré dans un pâté de mauvaises constructions qui en masquent le pourtour; j'étais
néanmoins saisi.

De retour à l'hôtel, je parvins enfin à réveiller
mon heureux compagnon à qui les émotions du
voyage n'ôtaient point le sommeil. Nous nous
rendons au Corso, cette grande veine du mouvement de Rome; c'est une grande rue qui traverse
presque en entier la Rome actuelle. Il y a là un
air de grande ville qui rappelle qu'on est dans
une capitale : magasins, palais, églises, équipa-
ges. Voilà le Corso qui aboutit, au nord, à la
la magnifique piazza del Popolo. De cette place,
si l'on regarde contre la ville, on est en face de
trois longues rues qui divergent comme les
rayons du centre : celle de droite, Strada della
Ripetta, aboutit à un port sur le Tibre; celle du
milieu est le Corso; celle de gauche est la Strada
del Babuino, qui se prolonge au loin. C'est celle
que nous choisîmes. Laissant à notre gauche la

superbe promenade du Pincio qui domine la
place du Peuple, nous allâmes au Monte, chez les
dames du Sacré-Cœur; de là nous avions Rome à
nos pieds et nous prenions une idée d'ensemble.
Mais, avec l'impatience de nouveaux débarqués,
nous n'avions le temps de rien voir avec attention.

Enfilant la longue rue Sixtine, nous remarquâmes en passant un palais plus grandiose que
les autres; nous en cherchâmes le nom sur notre
plan; c'était tout simplement le Quirinal : nous
étions sur le théâtre des horribles scènes de no-
vembre 1848; nous vîmes la rampe d'escaliers
sur laquelle le ministre Rossi avait été assassiné.
Tous ces souvenirs encore frais se dressaient af-
freusement devant nous. Nous pressâmes le pas;
nous voilà devant un temple magnifique; c'était
la basilique de Sainte-Marie-Majeure. Quelle im-
posante architecture! le plafond, comme dans
toutes ces basiliques, est en lambris dorés, entre-
mêlés de médaillons de peinture. Toujours à
l'aide de notre plan, unique guide pour l'ordinaire, nous trouvâmes plus loin, dans un lieu
presque désert, le palais et la basilique de Saint-
Jean-de-Latran, plus majestueux encore. Nous
décidâmes que nous ne visiterions pas Saint-

Pierre ce jour-là; nous avions la conscience de la
faute que notre fiévreux empressement nous faisait commettre; comment, en effet, contempler di-
gnement tant de merveilles à la hâte? Nous revînmes par le Colysée : nouvel étonnement; à
deux pas de là, nous traversâmes le Forum; nous
franchîmes le Campidoglio (Capitole); mais nous
étions trop harassés pour pouvoir encore admirer; *nous reviendrons; nous reviendrons* : tel était
notre refrain.

Il était deux heures après-midi; à pareille
heure il faut être enragé pour courir à Rome par
le soleil; les chiens hurlaient sur le pavé des
rues; nous étions trempés de sueur comme des
moissonneurs. Nous traversâmes tout Rome au
pas de chasseurs de Vincennes et nous nous en-
fuîmes à notre hôtel, épuisés, moulus de fatigue
physique et d'émotions profondes.

Après notre réfection, suivie d'un long repos,
nous allâmes encore, sur le soir, jusqu'au Trastevere, à la villa Lanti, faire une visite à.
M. l'abbé Métral. Cet excellent ecclésiastique,
savoisien, nous accueillit avec une bienveillance
charmante. Sa complaisance, que nous mîmes assez souvent à l'épreuve, ne nous faillit jamais
pendant notre séjour à Rome.

8 septembre. — C'était la fête de la Nativité de
Notre-Dame. De bon matin, j'allai à Saint-Louis-
des-Français, pour me confesser. La dissipation
inhérente à un voyage aussi varié m'avait natu-
rellement sorti, je ne dis pas de mes devoirs,
mais de mes habitudes de prêtre; je sentais le
besoin de retremper mon âme au feu sacré. Je
trouvai un bon vieux prêtre, à cheveux blancs;
je n'oublierai pas l'une de ses bonnes paroles
aux avis : « *Mon cher confrère*, me disait-il, *vous
faites le voyage de Rome; c'est bien, mais souvenez-
vous que ce voyage ne se fait pas impunément; on en
revient meilleur ou pire.* » Je rejoignis mon ami
qui était allé pour le même motif aux Jésuites
et nous nous rendîmes à la via Longara chez les
dames du Sacré-Cœur; nous fûmes heureux d'y
célébrer la sainte messe. Outre ces dignes reli-
gieuses la chapelle contenait un groupe nombreux
de soldats français; ces braves se tenaient hum-
blement et pieusement à genoux; plusieurs com-
munièrent; leur vue faisait du bien; la piété des
soldats est si franche, si dédaigneuse du respect
humain, que ce spectacle seul est une prédication. Ces soldats, candides, pieux, doux comme
des agneaux maintenant, étaient cependant ces
mêmes guerriers qui s'élançaient, il y a un an,

comme des lions con're les batteries de Garibaldi. Non, la France qui a délivré Rome, ne périra pas; quoiqu'elle se débatte dans un état de république souvent voisin de l'anarchie, elle reverra luire de meilleurs jours; elle a pour elle plus que le courage de son armée, elle a la bénédiction de Dieu.

Nous déjeûnâmes avec l'aumônier, un évêque étranger et l'abbé Faro, ex-aumônier de Charles-Albert. Nous eûmes la visite de Madame la Supérieure et de la Dame Vicaire, Madame d'Aviernoz, Savoisienne.

Bientôt nous courûmes à l'autre bout de Rome, à Sainte-Marie-du-Peuple, pour jouir au plus tôt de la vue du Saint-Père et assister au solennel défilé de ce cortége. L'église était tendue de riches tapisseries; des troupes romaines, infanterie et cavalerie, stationnaient sur la place; les Suisses étaient dans l'intérieur du temple; à dix heures moins quelques minutes arriva le sénateur de Rome avec les consulteurs, précédés de trompettes; leur costume rappelle celui de François Ier. Bientôt arriva la garde noble, puis le général Gémeau avec sa famille qui prit sa place au chœur. Des soldats français remplissaient l'église en grand nombre comme curieux.

4

A dix heures sortit par la sacristie le cortége des cardinaux, en soutane rouge, marchant deux à deux, suivis chacun d'un prêtre et d'un serviteur. Enfin, sur un baldaquin porté par quatre hommes vêtus en soie rouge, apparut Pie IX, en chape et en mître, bénissant la foule agenouillée sur son passage. J'éprouvai une vive et religieuse émotion à la vue du Saint-Père, le successeur de Saint-Pierre, le plus haut représentant de Dieu sur la terre, ce Pie IX dont le nom retentissait depuis quatre ans dans le monde, ce pape d'abord si acclamé, si célébré et si digne de l'être, puis ensuite livré à de si affreux retours, comme s'il fallait que tout grand pape fût condamné à porter sous sa tiare une couronne d'épines.

Pie IX est encore dans la pleine vigueur de l'âge; il a les cheveux courts et déjà blancs, le visage doux, souriant avec bonté et mélancolie; il a de l'embonpoint sans obésité; sa voix est sonore et puissante; sa physionomie porte une teinte de résignation digne et sereine.

Après un moment d'adoration devant l'autel du Très-Saint-Sacrement, il fut porté au chœur et alla se placer sur le trône. Puis, la messe commença; il me parut qu'elle ne différait pas des messes pontificales des évêques, quand ils tiennent chapelle. A la fin de l'office, le pape donna la bénédiction du haut du trône, du côté de l'évangile, en chantant le *Sit nomen Domini*, comme font nos évêques. L'assistance était agenouillée et recueillie; un courant de foi inclinait toutes ces têtes, pendant que la bénédiction du vicaire de Jésus-Christ planait sur elles. Il remonta sur le baldaquin et fut reporté en sacristie.

Nous sortîmes bien vite; mais la foule nous sépara; je perdis M. D. jusqu'au soir. Je courus me hisser sur une grille de la place, et de là je vis, devant les troupes sous les armes et la foule prosternée, défiler successivement la voiture du Pape, celles de sa maison, puis celles des cardinaux, du général Gémeau et des autres personnages de la suite.

Quand tout fut écoulé, je pris seul la rue Ripetta par où le l'ape était parti et qui était couverte pour la fête du sable jaune du Tibre; bientôt je franchis le pont Saint-Ange, au-delà duquel se dresse le château Saint-Ange, vieux reste du mausolée d'Adrien, privé de ses marbres. C'est un grand édifice en rond, surmonté de créneaux, d'un dôme au sommet duquel apparaît la statue noire d'un ange qui a une épée nue à la

main. Je me rappelai de mon mieux les diverses
phases de ce prodigieux monument, successivement tombeau d'un empereur payen, forteresse
des Goths, repaire des tyranneaux qui déso-
laient Rome au moyen-âge et enfin citadelle régulière des Papes souverains de Rome. Le pont
débouche au pied du château; on est dans le
Trastevere ou cité Léonine; une rue formant angle droit aboutit directement sur la place Saint-
Pierre.

Me voilà donc sur cette immense place Saint-
Pierre, la plus belle du monde. Elle apparaît
avec son magnifique péristyle circulaire, avec
ses deux superbes fontaines à jets d'eau, avec ce
gigantesque obélisque égyptien de granit rouge,
avec cette forêt de colonnes qui forment les fameux portiques de Bernini. Située sur les dernières déclivités du Monte Mario, cette place
monte insensiblement par de larges degrés jusqu'au péristyle du temple, qui s'élève devant
vous avec sa large et magnifique façade. Tout
est dans de si régulières proportions qu'on n'est
que légèrement frappé de ce spectacle pourtant
si grandiose; il faut réfléchir que ces jets d'eau
ont quarante pieds de hauteur; il faut remarquer
les maisons voisines qui, malgré leur élévation,

semblent de misérables échoppes ; il faut prendre
garde à la taille lilliputienne des gens qui circulent sur la place ; il faut surtout s'approcher des
portes colossales de la Basilique, avant de se
faire une idée des merveilleuses proportions de
cette place et de ce monument.

J'entrai enfin : le cœur me battait de religieuse
curiosité ; mes regards plongèrent dans l'immense nef... le dirai-je ? Je fus d'abord insensible ; je fus même péniblement surpris de n'é-
prouver presque plus d'émotion. Je ne vis
qu'une *grande église* d'architecture grecque et je
m'avouai que j'avais vu de moindres cathédrales
gothiques avec plus d'admiration et de saisissement. Je remarquai cependant des soldats français qui circulaient au fond du temple; ils me
semblaient de tout petits nains; deux bénitiers
en forme de conques sont placés au pied des deux
premiers piliers; ils sont surmontés de deux petits anges en marbre blanc; mais ces petits anges, quand on s'approche, ont neuf pieds de
taille. Tout dans ce temple a des proportions gigantesques; c'est ce qui explique le peu d'étonnement qu'on éprouve d'abord. Je me reprochai
avec colère de rester si froid devant cet immense
chef-d'œuvre. Je crois aussi qu'on a trop entendu

parler de Saint-Pierre de Rome; non, certes, qu'il ne le mérite pas; mais l'imagination préparée, surexcitée d'avance, semble éprouver comme une désillusion. Il faudrait entrer à *Saint-Pierre* sans en avoir vu ni gravures ni descriptions.

D'ailleurs, ici comme pour d'autres monuments sortis de la main des hommes, j'ai toujours éprouvé comme une sorte de dépit; c'est toujours moindre qu'on ne s'y attendait. Seul, le spectacle de la nature remplit l'attente de mon imagination; la mer, avec son horizon sans bornes, les Alpes, avec leurs cimes qui se perdent dans les nues; d'immenses plaines vues du haut des montagnes: voilà les merveilles qu'un enfant de la Savoie préfère contempler; pour lui, ni les mathématiques, ni même l'art ne peuvent suppléer la nature. C'est un peu barbare, un peu sauvage, ce que je dis là; je ne prétends pas avoir raison, mais j'exprime une impression qui me paraît une loi de l'ordre naturel.

Je fis lentement le tour de cette immense enceinte, admirant les autels et les mausolées des Pontifes et des Grands. Tous les tableaux, hormis trois peints sur ardoise, sont en mosaïque; il n'y a pas une seule toile dans ce temple prodi-

gieux. Toute la coupole est peinte en mosaïques ;
il y a là un saint Luc, tenant une plume qui paraît de dimension naturelle et cette plume a une
longueur de sept pieds ! Le *Tu es Petrus*, etc.,
forme une majestueuse légende qui occupe tout
le circuit de la coupole. Au fond de la basilique,
quatre docteurs de l'Eglise soutiennent un siége
immense, renfermant la chaire de bois de Saint-
Pierre. Le maître-autel s'élève au croisé de la
croix latine, sous la coupole qui l'éclaire ; à
droite, à gauche, et derrière, s'étendent les trois
branches de la croix ; chacune de ces branches
contient des milliers de personnes.

Devant le maître-autel s'ouvre comme une
large fosse, entourée d'une balustrade chargée
de lampes toujours ardentes ; au fond est le tombeau et la statue à genoux de Pie VI. C'est l'entrée de la confession de Saint-Pierre et de Saint-
Paul. J'étais *ad limina apostolorum*, au vrai terme
du pélerinage ! Je m'y agenouillai. Glorieuses
victimes du monde ! Sublimes ambassadeurs de
Jésus-Christ notre Dieu, recevez l'humble
prière du prêtre indigne prosterné devant vos
cendres. Priez pour moi, que je demeure fidèle
jusqu'à la mort à la sainte Eglise catholique ;
priez pour votre successeur Pie, pour l'Eglise

entière, pour notre pauvre patrie, pour ma chère Savoie.....

Je me relevai fortifié dans l'âme, mais profon-dément ému; puis j'allai m'asseoir dans un coin pour réciter mon bréviaire.

En sortant du temple, j'en admirai le magnifi-que vestibule; de chaque côté sont les statues gigantesques et équestres de Charlemagne et de Constantin, ces portiers couronnés du batelier de Génésareth!!!

Je me glissai dans l'escalier voisin du Vati-can; personne. Je me hazarde, je monte et me trouve dans une superbe salle, qui serait une merveille ailleurs, mais qui, ici, est abandonnée toute ouverte et sans autre office que celui d'an-tichambre, je crois, de la chapelle sixtine. J'er-rai avec un plaisir mêlé d'inquiétude dans ces spacieuses galeries; je tentai d'ouvrir les portes fermées. Enfin, craignant d'être surpris à ferrail-ler comme un crocheteur et de recevoir une le-çon un peu brusque, comme je la méritais, je re-descends la même rampe d'escaliers et passe fièrement devant la garde suisse, placée à l'en-trée. Mon chapeau blanc étonnait, je crois, ces braves qui ne pouvaient s'expliquer qu'on pût sortir du Vatican avec une tenue aussi mazzi-

nienne. Sans leur découvrir ce mystère, je me
dirigeai vers la place. A l'extrémité stationnait
un corps de garde français ; j'allai m'asseoir sur
un banc à côté de ces aimables *pantalons rouges*
et, de question en question, il me fut facile de les
amener à parler du siége de Rome ; à mon langage, ils me crurent français. Ils me racontèrent
donc de bonne grâce et avec cette sublime naï-
veté, naturelle au soldat français, toutes les pé-
ripéties du siége et de l'assaut. C'était, pour
ainsi dire, hier, et il me semblait assister à ces
scènes meurtrières. Ils me montraient ces nombreuses statues qui couronnaient devant nous la
basilique de Saint-Pierre et le pourtour des portiques : des hauteurs du Janicule, ils les prenaient
pour des soldats de Garibaldi, montant la garde,
l'arme au bras. Peu s'en fallut que ces chefs-
d'œuvre ne s'en trouvassent très-mal ; on allait
leur parler avec du canon, quand leur complète
immobilité fit enfin reconnaître leur innocence.

Je m'aperçus que mes braves français ne pro-
fessaient pas une bien haute estime pour le peuple romain : franchement, ce que j'avais lu sur
les journaux et ce que j'avais déjà vu de mes
yeux me portait assez à partager leur opinion.

Enfin je rentrai en ville ; car Saint-Pierre est

presque hors de ville ; je passai de nouveau sous
le château Saint-Ange, en saluant le grand ange
qui me rappelait l'ancien miracle par lequel
Rome fut sauvée de la peste au temps de Saint-
Grégoire-le-Grand. Après avoir franchi le Tibre
j'arrivai par divers circuits sur la place Navone,
la plus spacieuse de l'intérieur de la ville, en
forme de fer à cheval ; c'est un immense marché,
où l'on admire la plus belle fontaine de Rome,
sinon la plus abondante.

En continuant de marcher à l'aventure, j'arrivai dans un petit carrefour, devant le palais
Braschi, à l'angle duquel je vis une statue gros-
sière et mutilée : c'était bonnement Messire Pas-
quin, de satirique mémoire. Ce drôle a peut-être
porté plus de malices qu'on n'en lit dans toute la
collection du *Charivari*. Si les temps étaient moins
tristes aujourd'hui, nous l'entendrions encore
dire plus d'une *pasquinade*. Passons vite ; qu'il ne
me voie pas ; autrement, il pourrait encore me
lancer un lardon, à moi, obscur Allobroge, qui
foule si étourdiment la cendre des héros, sans
trop de respect pour leurs misérables descen-
dants.

Nous rentrâmes harassés. Un orage et une
pluie diluvienne qui survinrent dans l'après-midi

nous clouèrent à l'hôtel. D'ailleurs cette journée pouvait compter : nous avions vu Saint-Pierre et Pie IX ; on n'en voit pas tous les jours autant. Nous prenons la résolution de mettre, les jours suivants, plus d'ordre et de modération dans nos courses ; mais cette résolution sera inutile : tous les soirs nous la prendrons, tous les jours nous la violerons. Ah! le temps! il nous en faudrait davantage; c'est notre plainte habituelle.

9 septembre. — CAPITOLE, COLYSÉE. — Nous destinions cette matinée à la visite du Campidoglio, (Capitole.) Ce fameux Capitole, dont je savais le nom depuis ma huitième, où montaient les triomphateurs, je me l'était longtemps figuré en rapport par ses proportions avec sa renommée : dans mon imagination d'enfant, j'avais cru Rome loin, bien loin; mais une fois arrivé dans cette ville éternelle, on devait distinguer un immense rocher, abrupt de tous côtés et couronné de tours innombrables, quelque chose comme ces châteaux-forts que le moyen-âge avait élevés et dont les ruines nous étonnent encore aujourd'hui. Je n'avais guère une moins haute idée des sept collines sur lesquelles était bâtie Rome antique.

Or ces sept collines sont la plupart imperceptibles; se sont de légères déclivités, dont les rues

en pente indiquent la place : les seules collines
qui méritent ce nom sont, hors de ville, le monte
Mario et le Janicule.

Je ne dus pas moins en rabattre de l'idée gigantesque que je m'étais faite du Capitole, dans
mon enfance. Je n'y vis plus qu'une éminence
comme celle du château de Chambéry ; il est placé
au nord du forum et presque hors de Rome moderne, au midi. Nous arrivâmes au Capitole par
la place de l'Ara-Cæli, vieille église, où se con-
vertit Ratisbonne, bâtie sur l'emplacement de
l'Arx ou Citadelle, et à laquelle on monte de la
place par 120 marches de marbre. Près de cet
escalier rapide s'en élève un autre plus beau et
plus doux, orné, au bas, de deux lions et, au sommet, des deux statues de Castor et Pollux, avec
leurs chevaux à la main. Dès qu'on arrive sur la
petite place qui domine l'escalier, on voit tout à
l'entour s'élever de belles habitations qu'on nomme palais, quoiqu'elle n'aient pas des dimensions
ni une splendeur en rapport avec le nom ; à droite
celui des Conservateurs, à gauche le musée du
Capitole, l'un des plus riches de l'Europe pour
les antiquités ; au milieu de la place, la statue
équestre en bronze de Marc-Aurèle, la plus belle
de ce genre que l'antiquité nous ait léguée.—
Voilà le Capitole.

Nous montâmes à un *campanile* qui domine le Capitole; du haut de cette tour, on jouit d'une vue magnifique sur toute la ville : c'est le vrai point par où il faudrait commencer les visites pour prendre une idée générale de l'ensemble. Au midi s'élève le mont Palatin, couvert aujourd'hui de ruines et de jardins; derrière lui, le mont Aventin, fameux par la sécession du peuple et aujourd'hui désert; plus loin, sur la gauche, le mont Célio au pied duquel apparaissent les ruines majestueuses du Colysée et plus loin encore, Saint-Jean-de-Latran; du côté du couchant, la vue rencontre le Tibre et tout le Transtevere qui s'élève jusqu'à Saint-Pierre in Montorio et à la porte Saint-Pancrace; c'est par là que les Français sont entrés pour chasser Garibaldi et Mazzini; plus loin, au nord-ouest, surgit la cité Léonine, avec Saint-Pierre, le Vatican et le château Saint-Ange; c'est là qu'est la Rome des Papes. Au nord du Capitole, s'étend en plaine toute la Rome moderne, avec ses palais, ses maisons, ses rues, ses cent clochers, coupée en deux par le Corso qui va aboutir sur la belle place du Peuple; au levant le sol s'élève de nouveau et parcourt du nord au midi le mont Pincio et ses bosquets, le Quirinal et son superbe

palais, le mont Viminale et sa basilique de
Sainte-Marie-Majeure, et le mont Esquilin avec
ses thermes de Titus, mais désert, comme les
autres collines qui apparaissent plus au midi.
C'est un spectacle qu'on n'oublie jamais.

En descendant du campanile, nous visitâmes
l'antique église de l'Ara-Cæli sur l'emplacement
de la citadelle antique qui résista au Gaulois et
du temple de Jupiter Tonnant. Une toute vieille
image miraculeuse de la Sainte-Vierge, placée
au-dessus du maître-autel, a chassé Jupiter avec
toutes ses foudres.

Il est bien temps de consigner ici l'avis que je
n'ai pas visité chacune des trois cent et soixante
églises de Rome. Je n'ai vu que toutes les prin-
cipales. Du reste, je me suis fait une règle dans
ce récit de n'écrire que mes souvenirs et mes impressions. Il m'eût été facile, avec des livres,
avec un *Guide du voyageur*, d'écrire ou plutôt de
transcrire un *Voyage* savant en archéologie, en
histoire littéraire et artistique ; mais je n'écris
pas pour le public ; ceci est bonnement un *Mé-*
morial pour moi et quelques intimes. Quand je
voudrai de plus amples détails sur Rome, je con-
sulterai les livres écrits *ad hoc*, ou bien je re-
tournerai à Rome.

En descendant du Capitole par le côté opposé,
nous visitâmes l'église de Sainte-Martine dont
j'ai toujours aimé les hymnes dans mon bréviaire; puis, une toute petite église de Saint-Jo-
seph, dans les souterrains de laquelle nous vîmes les fameuses prisons Mamertines où périt
Jugurtha, où Lentulus et d'autres conjurés de
Catilina furent jugulés, où, plus tard, souffrirent
Saint-Pierre et Saint-Paul. C'est une basse fosse
qui ne reçoit un peu de jour que par une ouverture pratiquée à la voûte. Une source miraculeuse, dont on boit. jaillit au milieu du parvis;
c'est celle que Saint-Pierre fit jaillir pour bapti-
ser ses gardiens, Saint-Processe et Saint-Marti-
nien.

Nous désirions faire régulariser nos *celebret;*
pour cela, nous nous rendîmes chez le cardinal
Angelini, rue de l'Arco della Ciambella. Dans
de vieux et sombres appartements, ouverts par
un vieux domestique, nous trouvâmes un petit
ecclésiastique, maigre, actif et d'une politesse
toute de mouvement; il paraissait avoir une
quarantaine d'années; nous le priâmes de nous
présenter à Son Eminence. C'était lui-même. Il
nous fit entrer dans sa bibliothèque, nous donna
plusieurs conseils sur les monuments à visiter,

s'efforçant de parler français. Nous lui exprimâ-
mes un peu hypocritement notre surprise de
rencontrer un prélat italien, qui parlait si bien
une langue difficile et étrangère. Ravie de notre
compliment, Son Eminence tira des livres français de sa bibliothèque et se mit à écorcher hor-
riblement une lecture d'une page au moins, nous
demandant s'il n'avait pas à peu près la *pro-
nonziu* française. Nous lui dîmes qu'il n'y paraissait pas, qu'il fallait être français pour apercevoir quelque différence. Il nous signa nos *celebret*
à long terme, avec une grande amabilité, et nous
nous quittâmes, enchantés mutuellement les uns
des autres.

Revenus de chez lui au Capitole, pour continuer nos visites, nous parcourûmes son merveilleux *Musée des Antiques;* nous n'avions encore
rien vu de pareil en fait de morceaux d'antiquité. Quant aux tableaux, nous n'étions pas
assez artistes pour les apprécier; c'est une collection de chefs-d'œuvre; mais les galeries du
palais Pitti à Florence, en nous émerveillant,
nous avaient rendus difficiles.

Ce qui gâte un peu le plaisir de ces promenades, c'est qu'on est souvent harcelé de mendiants
ou de *ciceroni* importuns. Nous descendîmes du

Musée et nous nous enfonçâmes sous différents passages voûtés, pour chercher la Roche tarpéienne ; nous la découvrîmes enfin derrière une sale cour, encombrée de fumiers et cernée de pauvres cabanes ; deux jeunes filles pauvres, en corset blanc et uni, la tête couverte d'un pan de toile carrée, nous accostèrent, demandant l'aumône avec instance. Je me souvins de la jeune romaine, rencontrée-là par nos aïeux, les Gaulois. Les voyant difficiles à contenter et par trop importunes, je pris mon ton sévère de professeur, elles cédèrent enfin et reculèrent devant mon *quos ego...* Mon ami, meilleur que moi, me trouvait parfois bien bourru. Il avait raison, et moi je n'avais pas tort.

L'après-midi fut réservée à la visite du Colysée. Quand je dis que les monuments élevés par la main de l'homme me laissent ordinairement froid, j'entends faire une exception pour le Colysée : impossible d'exprimer l'étonnement plein de respect qu'excite ce monument gigantesque, vieux et noble témoin de la puissance et de la cruauté du peuple romain, de la force et des combats des martyrs. C'est un vaste amphithéâtre de forme ovale, construit par Vespasien, formé en dehors de portiques superposés à une hauteur

étonnante; au-dedans, des rangs de degrés descendent en se resserrant du sommet au milieu,
et, malgré l'énorme étendue qu'occupent les degrés de cet immense cirque sous lesquels sont les
stabularia, ou étables des bêtes réservées aux
jeux, il renferme encore une arène ovale, qui
servait aux gladiateurs, ou aux combats des bêtes féroces entre elles ou avec les hommes. Cette
arène mesure 110 pas en longueur et 70 en largeur; au centre, une croix de bois s'élève seule
et silencieuse; je pris une poignée de gravier à
ses pieds, pour l'emporter. On resterait volontiers
une partie de la nuit dans cette enceinte, quand
la lune, pâle et brillante, plane au-dessus des
ruines séculaires du noir monument et les couvre
de ses reflets d'argent. L'imagination repeuple
ces gradins : l'Empereur, le Sénat, les cheva-
liers, les matrones, le peuple..., puis les athlètes,
les bêtes féroces, bondissant des *stabularia* dans
l'arène...; ou bien, quelques vierges chrétiennes,
quelque viel évêque aux cheveux blancs...; il
semble qu'on entend encore le *morituri te salutant,
Cæsar!* ou les hurlements de la foule cruelle et
luxurieuse : *les chrétiens aux bêtes!* C'est là qu'a
fini l'empire romain : ces indignes maîtres du
monde encombraient encore les amphithéâtres,

alors que les Barbares étaient à leurs portes.
C'est là surtout qu'a commencé l'église militante
chrétienne et que le sang de ses martyrs est devenu la semence des chrétiens. Cette gigantesque
enceinte a donc été à la fois le tombeau de l'ancien monde payen et le berceau du monde chrétien.

En sortant de là, nous jetons encore un dernier
regard vers les grandes ombres de ce monument :
une torche allumée dans un des arceaux faisait
trancher vivement sa lueur rougeâtre avec les
teintes argentées de l'astre des nuits.

Déjà nous reprenions en silence notre direc-
tion vers notre hôtel, quand une troupe de moines,
portant des torches, descendirent assez rapidement les marches de l'Ara-Cæli. Nous les sui-
vîmes à la hâte par des rues tortueuses ; ils se
rendirent dans une église au milieu de laquelle
un mort était exposé sur un catafalque. Ils devaient passer là toute la nuit à veiller et à prier.
Assis sur les gradins d'un autel, je regardai, puis
je me pris à sommeiller. Un religieux se détacha
du groupe et vint m'avertir qu'on allait fermer
les portes et qu'ainsi c'était le moment de me
retirer.

Je sortis : devant la porte une foule encanaillée

tourbillonnait, criait, raillait, sifflait; nous étions
au milieu de la lie de la populace; je me démêlai
de là comme je pus, puis je marchai vivement.
A plusieurs reprises je crus recevoir du gravier ou
de l'eau sur la tête; je me retournai: un jeune
homme, feignant aussi l'étonnement, se présenta
et vint passer son mouchoir sur mes habits; tant
de prévenance me parut suspect; comme je le
sentis fouiller délicatement dans mon collet, j'y
portai vivement la main et j'y trouvai la sienne
occupée à tirer mon portefeuille de ma poche.
Malgré ses protestations de bon service, je remer-
ciai sèchement, et me mis à courir après mon
compagnon qui avait gagné les devants, pour
chercher une issue. Je subis ses petites raille-
ries avec patience, quoique assez sot de m'être
échappé si gauchement de mon aventure.

10 septembre. — Messe à St-Louis-des-Français.
— Le parvis de cette église est maintenant orné
de deux larges pierres tumulaires sur lesquelles
on a gravé les noms des soldats français, morts au
siége. — De là nous nous rendîmes au Corso où
une église cardinaliste célèbrait sa fête patronale.
Nous fûmes assez peu satisfaits de la musique,
trop légère, trop sautillante. En général, dans les
églises d'Italie les fêtes ont quelque chose de

théâtral. Draperies appendues aux murs, cierges innombrables, clergé nombreux, rien n'y manque pour le décor. Le chœur est encombré d'une grande estrade, où une cinquantaine de musiciens exécutent des messes ou des saluts, à grand orchestre. Du recueillement, peu. Tout le monde entre, sort, parle, se promène. Mieux valent encore nos pauvres fêtes dans les modestes églises de notre pauvre Savoie.

De là nous allâmes nous promener au Pincio, promenade incomparable, ombragée de grands arbres et de fleurs, à côté des villas Medicis et Borghèse.

Diner et repos à la villa Lanti, chez Monsieur Métral.

Dans l'après-midi, nous traversons le Tibre sur le pont Sisto et nous poussons jusqu'à la porte Portese, près de l'immense hospice de St-Michel. Nous étions hors de ville. Nous nous dirigeons le long des remparts, et, par une assez forte montée, nous arrivons à la porte St-Pancrace.

C'est là le théâtre de l'héroïque assaut des Français et de la vive défense des garibaldiens. Les remparts, réparés à neuf sur plusieurs points, nous indiquaient assez les brèches ouvertes par

le canon du général Oudinot. Nous restâmes longtemps assis sur l'herbe devant le porte St-Pancrace
encore en ruines et gardée par un poste de chasseurs de Vincennes. Deux magnifiques villas,
situées en face, étaient littéralement criblées de
boulets. Rien de plus triste que ces superbes demeures où les arts conservaient encore leurs traces
au milieu des ravages de la guerre. Des statues
brisées, des jardins rasés, des murs lézardés, des
poutres brulées attestaient que ces malheureuses
villas avaient servi tour à tour de remparts aux
deux partis.

En rentrant en ville nous crûmes, à l'élévation
d'un façade qui se dressait devant nous, être en
face d'une belle église: c'était la fontaine Pauline.
Un vaste bassin y reçoit cinq fontaines d'une eau
limpide et abondante. Rome est riche en monuments de ce genre, elle les doit aux anciennes
constructions des Romains de l'empire et plus
encore aux merveilleuses réparations des souverains Pontifes. De belles eaux sous un ciel brûlant, c'est ce qu'on a plaisir à rencontrer à Rome
à chaque pas.

De la fontaine Pauline nous allâmes à St-
Pierre *in montorio*. C'est une magnifique église,
bâtie sur une hauteur, devant laquelle s'étend

une terrasse d'où l'on jouit d'une vue admirable
sur la ville et les campagnes du Transtevere.
Cette malheureuse église avait aussi cruellement
souffert des horreurs de la guerre ; les Garibaldiens s'y étaient vivement défendus ; les fenêtres
et les autels brisés attestaient encore là le passage de ce fléau dévastateur. Au milieu d'une
cour intérieure s'élève une petite rotonde, œuvre
de Bradamante, sur l'emplacement même du
martyre de St. Pierre. Par un hazard assez pro-
videntiel, ce gracieux édifice n'avait pas reçu la
moindre atteinte des projectiles qui avaient tout
saccagé aux environs.

Par la rue rapide qui descend de là, nous retrouvâmes encore sur les maisons les traces des
balles et des boulets français. L'entrée de Rome
fut meurtrière. Nous admirions, mon ami et moi,
cette merveilleuse conduite de la Providence qui
avait appelé la République française à Rome
pour y détruire la République de Mazzini, y ré-
tablir l'autorité du S. Père, alors que l'Italie en
délire se déchirait elle-même. Quelles qu'aient
pu être les arrière-pensées des hommes que Dieu
employait à cette restauration, nous reconnais-
sions que tout concourt aux desseins de Dieu, même les passions des hommes.

Nous essayâmes encore d'entrer au Vatican: nouveaux refus des subalternes. Décidément, il était
écrit que nous verrions tout à Rome, excepté le Vatican. Nous essayerons encore, mais nous ne ver-
rons pas la chapelle Sixtine, où nous eussions
tant désiré contempler à notre aise la célèbre
fresque de Michel-Ange représentant le jugement dernier. Nous étions de mauvaise humeur,
oubliant que nous n'étions encore qu'au lendemain des dernières orgies romaines. Peut-être
aussi, avec notre simple habit laïque, n'avions-
nous l'air ni assez riches pour payer la grasse
mancia, ni assez rassurants sur nos intentions.

11 septembre. — Messe à S.-Louis-des-Français,
mon église de prédilection. Nous n'avions pas
encore de réponse à notre demande d'audience de
la part du S. Père. Mais en attendant, j'apris avec
bonheur par un ecclésiastique que nous venions
d'obtenir un bref apostolique pour visiter l'église
de Ste-Croix de Jérusalem. J'attendis et je cher-
chai en vain M. D., je ne partis qu'au dernier moment, presque au pas de course ; il me fallut demi-heure pour aller de ce pas, de l'hôtel de la
Minerve, jusqu'à Ste-Croix, située à l'extrémité
et en dehors de ville, près des remparts, entre St-
Jean-de-Latran et Porta-Maggiore. Je ne pris

donc pas le temps d'aller admirer sur place le trophée et le mausolée de Marius que je laissais à ma gauche, ni les superbes villas Altieri et Guistiniani que j'avais à ma droite. Il était temps d'arriver; la société allait entrer: c'étaient des ecclésiastiques, des officiers français avec des dames.

On nous introduisit, de l'église, dans une petite chapelle intérieure aux fenêtres barricadées. Les cierges furent allumés et un vieux prélat aux cheveux blancs, en camail et en étole, nous fit vénérer les précieuses Reliques: un bras de la vraie Croix, un des clous de la passion, un doigt de St. Thomas et l'inscription de la Croix. Cette inscription gravée grossièrement sur bois, présente d'une manière assez lisible les caractères grecs et latins: *Jésus de Nazareth, roi des Juifs.* Les ecclésiastiques et les dames firent toucher des médailles et des chapelets; leur dévotion était visible; les officiers furent convenables, ils reçurent à genoux la bénédiction de l'abbé en faisant le signe de la croix. Pour moi, je me sentais profondément ému, devant ces preuves matérielles de l'amour infini de mon Dieu et je priai de bon cœur. Je réfléchis que, comme prêtre, j'avais chaque jour le bonheur inappréciable de toucher

la Divine Victime, dont les instruments du sacrifice étaient là sous nos yeux.

En sortant de là, la société remonta en char et
partit. Je restai seul ; il était 11 heures, et à midi
je devais être à la villa Lanti, au Transtevere.
Le trajet est long et je n'avais pas pris le temps
de déjeûner. Je m'enfonçai à gauche par un chemin désert, laissant derrière moi St-Jean-de-
Latran que je me promets de revoir et j'aboutis
aux remparts vers une porte murée, à la place de la
Ferratella. De là, passant devant les magnifiques
ruines des *thermes d'Antonin,* j'enfilai la *via St-Sé-
bastiano,* puis une longue route qui passe entre
le mont Palatin et le cirque Maximus, je traver-
sai l'ile St-Barthélémi et j'arrivai enfin, trempé
de sueur, à la villa Lanti, où je racontai mon bonheur à M. D. qui regretta vivement de ne l'avoir
pas partagé.

Vers le soir nous visitâmes les Termes de Titus sur le mont Esquilin. Les murs extérieurs de
ces immenses palais qui servaient de bains publics sont encore là, mais les innombrables siéges,
cuves et bassins en marbres rares, en granit oriental,
en porphire, ont disparu avec les générations vo-
luptueuses qui passaient là leur vie. Près de là
est debout l'église de St-Clément, une des plus

anciennes de Rome; la forme du chœur et du
sanctuaire n'a rien de semblable à nos églises
plus modernes. Le siège du célébrant, en pierre,
est fixé derrière l'autel; les hommes sont entiè-
rement séparés des femmes. Nous revînmes à St-
Jean-de-Latran, dont le pape est comme le curé
et qui, pour cela, a le rang sur toutes les églises
du monde catholique. Une partie de l'immense
palais de Latran où habitait Constantin avant de
bâtir Constantinople, fut affectée à cette basilique. On sait qu'il y a été célébré cinq conciles
œcuméniques, assises infaillibles de la catholicité.
Nous nous souvenions que Pie IX en avait pris
possession en l'automne de 1846, au milieu des
acclamations enthousiastes d'un peuple ivre de
bonheur; puis, que moins de deux ans après, par
suite des coupables attentats commis au Quirinal, le même grand Pie IX, prenant la route de
Gaëte, passa en fugitif au milieu de la nuit, à
côté de cette même basilique, ne pouvant y entrer
qu'en esprit et se contentant de saluer la Croix
qui couronne le superbe obélisque dont la place
du temple est ornée; puis enfin nous nous rappelions par quels merveilleux événements la Providence avait ramené, il y a moins d'une année,
ce même Pontife bien-aimé dans sa capitale et
sur son trône.

Nous allions d'émotions en émotions. Nous voilà à la *Scala Santa*. C'est l'escalier du prétoire de Pilate, par où Notre-Seigneur monta et descendit à son jugement. Cet escalier de marbre est recouvert de planches de chêne, percées d'espace en espace de petits trous vitrés. On monte à genoux, en priant; on baise les places vitrées; au sommet on trouve une simple petite chapelle, et l'on redescend par un escalier latéral.

Quoique le jour tirât à sa fin, il me restait une visite à faire. J'avais à faire tenir, de la part de Mgr Rendu, mon évêque, quelques-uns de ses ouvrages à son S. E. le cardinal Antonelli, premier secrétaire d'Etat de S. S. Pie IX. Nous profitons de cette occasion pour obtenir une audience. A 8 h. du soir, nous prenons un fiacre et nous nous présentons bravement au Vatican. On nous introduit au 1er étage dans une salle d'attente. Plusieurs visiteurs, ecclésiastiques et laïques, attendaient en silence. La plupart avaient l'air soucieux; c'était l'air de la cour. Un jeune ecclésiastique en habit court et en manteau, servait d'introducteur. Le défilé des visiteurs nous retint presque jusqu'à 10 heures: nous désespérions d'être admis, le ministre devait être bien fatigué. Cependant notre tour arriva.

Dans une magnifique salle, au milieu de laquelle était une longue table couverte d'encriers symétriquement placés, se tenait debout, seul, le Cardinal-Ministre, en calotte rouge et en lévite violette. Il est jeune encore et d'une taille avantageuse. Il nous reçut très-bien, nous fit asseoir sur un sopha à côté de lui et nous entretint pendant 20 minutes. Après nous avoir demandé des nouvelles de NN. SS. les évêques de Chambéry et d'Annecy, il nous parla de notre pauvre pays; il eut la patience, parlant assez bien français, de nous expliquer au long toutes les phases de nos misérables démêlés entre le Piémont et le Saint-Siège. Il faut en vérité qu'il nous supposât une mission spéciale de nos évêques, pour mettre tant de patience et de détails dans cette explication. En vrais Savoyards sans façons, nous ne nous gênâmes point pour lui adresser plusieurs questions, auxquelles il répondit toujours avec la même bienveillance.

En sortant de chez S. Em., nous trouvâmes la grande porte du Vatican fermée : on nous ouvrit un petit guichet, qui permet de sortir comme par une fenêtre, en se courbant et en enjambant. Nous étions tout fiers cette fois en sortant du Vatican, bien résolus d'y revenir pour voir enfin ses ri-

chesses artistiques, en dépit de la valetaille. Il
ferait beau voir qu'un petit subalterne nous ren-
voyât encore aux calendes grecques, nous qui
avions parlé en personne à S. E. le Cardinal-
Ministre!

Si jamais je retourne à Rome, je ne le dirai
pas, avant d'en être revenu. Plus de commissions!
si l'on m'en donne encore, je les perdrai en route;
si je ne les perds pas, je les oublierai à Rome; si
je ne les oublie pas, je ne les ferai pas; c'est décidé....

A midi, tout fiers encore de notre audience de
la veille, nous nous présentons au Vatican; nous
étions plus impératifs cette fois: ce fut encore à
pure perte. Radoucissant le ton, nous glissons
une pièce de bonne monnaie, pour voir au moins
la bibliothèque. Il semble que la clé d'or va opé-
rer; en effet, on nous conduit dans une ou deux
vastes salles, où bien des gens travaillaient en silence; tous les murs étaient revêtus d'armoires
fermées; nous parcourons ainsi à pas pressés les
deux côtés de cette bibliothèque, dont nous n'eûmes pas même le temps d'admirer les boiseries:
et nous voilà encore reconduits poliment à la
porte. «Valets du diable!» disions-nous, furieux,
sans penser qu'ils étaient au service du pape.

Ah! ici, comme ailleurs, ce sont ces plats subalternes, ces avides domestiques, qui font des ennemis à leurs maîtres, même les meilleurs, comme
l'est bien Pie IX. Que nous eussions été des pro-
testants ou de jeunes littérateurs mondains, les
belles pages à écrire contre le gouvernement mo-
nacal! voilà comment s'expliquent tant de diatribes dans les voyages à Rome.

Mieux ravisés, nous mîmes un peu de calme
dans nos âmes, et nous retournâmes visiter en
détail la basilique de St-Pierre. Inutile de rappeler ici les monuments et les chefs-d'œuvre qui
peuplent cette immense enceinte ; cela se lit partout. Nous y restâmes près de trois heures, nos
guides à la main. Il me souvient d'un artiste en
contemplation devant le tombeau dit de Rezzo-
nico ; il s'approchait, reculait, allait s'asseoir en
gémissant ; revenait, palpait ; gémissait encore.
Le malheureux, avec son âme de poëte, il était
plus à plaindre que nous....

Sur les quatre heures, nous prîmes un fiacre,
pour aller visiter St-Paul, hors les murs, cette
magnifique basilique détruite par les flammes dans
les derniers jours de Pie VII et que la générosité
des fidèles de tout l'univers catholique relève
maintenant de ses ruines. C'est un carré long à

quatre rangs de colonnes depuis le vestibule jusqu'au sanctuaire. On creusait alors les fondations
du maître-autel ; je comptai 88 pas en largeur et
125, de la porte au sanctuaire. Des médaillons en
mosaïque, dont chacun coûte quatre ans de travail, couronnent le tour du temple au dessus des
colonnes : ils doivent contenir les portraits de
tous les papes ; quelques-uns seulement étaient
achevés. Près de là, dans un hangar, gardé par
des soldats, sont couchées les quatre magnifiques
colonnes d'albâtre dont Méhémet-Ali a fait hom-
mage à Grégoire XVI. Deux sont d'une seule
pièce ; un léger coup de clé frappé à une extrémité produit à l'autre un retentissement sonore.
Nous voulûmes, en sortant, donner la *mancia* ordinaire au sergent cicerone ; mais il regarda dans
nos mains et s'écria dédaigneusement : *piccola
moneta ! no, no !* En vain nous excusâmes-nous
franchement de n'avoir plus de monnaie sur nous ;
tout fut inutile, il ne voulut rien entendre. Je
consigne ce fait pour sa rareté ; c'est le seul romain qui ait refusé la *mancia* et encore était-ce
par excès d'avidité plutôt que de générosité. Nous
le quittâmes, un peu humiliés, et nous rentrâmes
lentement dans Rome.

A la porte S. Paolo, nous pûmes admirer ad-

Mausolée de Cestius; c'est une haute pyramide carrée, revêtue de marbre blanc et l'un des meilleurs monuments de l'antiquité romaine.

Nous longeâmes encore le grand Cirque, aujourd'hui jardin marécageux. A droite s'élève le mont Palatin, ancienne demeure des Césars; aujourd'hui ce sont des ruines servant de magasins de foin et de paille. Il y a bien là un magnifique jardin, dont on aperçoit de loin les kiosques élégants; mais il appartient à un Anglais. On nous dit qu'on n'ouvrait pas, parce que le maître était absent et qu'il n'y avait que sa *maitresse*. O palais des Césars! un descendant de ces rudes Bretons y renferme aujourd'hui sa concubine et fait à Rome le petit sultan!

13 septembre. — Après la sainte messe, nous allons visiter la coupole de Saint-Pierre. Nous étions douze personnes.. On monte par un bon escalier à gauche en entrant et l'on arrive sur la terrasse qui domine les nefs latérales : c'est comme un pays : on se promène au long et au large; et il y a des fontaines comme sur les places publiques. Les plans sont un peu inclinés en tous sens, selon les parties des voûtes recouvertes : cela me rappelait les talus et les pentes de la mer de glace, à Chamonix : ici c'est une mer de°plomb.

Le cicerone qui nous a conduits jusque-là nous quitte et il faut s'adresser à un autre guide logé, là haut, sur la terrasse, pour nous conduire à la coupole. Partir de dessus la basilique pour aller à la coupole, c'est comme ailleurs partir de la place pour monter sur une cathédrale. L'escalier tournant est d'abord très-praticable. Deux fois on entre dans la voûte par une petite porte : c'est pour visiter la première galerie *(ringhiera)* qui fait le tour de la partie inférieure de la lanterne, ensuite la seconde galerie qui fait aussi le tour de la partie supérieure de la même lanterne. Cette lanterne avec sa voute, n'est autre que le panthéon, que Michel-Ange semble avoir pris à terre pour le lancer dans les airs sur quatre piliers. Ces piliers sont si gros, qu'on a fait à Rome, devant le Quirinal, l'église de St-Charles sur les proportions d'étendue d'un de ces piliers.

Du haut de ces galeries, on voit, près de soi, les admirables mosaïques qui revêtent l'intérieur de la coupole ; et au dessous de soi, on plonge la vue en frémissant sur le parvis de l'église : les hommes n'y paraissent que comme des pygmées. Un

monomane suicide trouverait là une terrible ten-
tation de faire parler de lui.

De la seconde galerie, on monte, comme on
peut, ou plutôt on rampe par dessus la calotte de
la voûte, entre la toiture et la coupole, comme
par une longue cheminée recourbée. Enfin, au
sommet de la coupole, on trouve un tube dans
lequel est fixée une échelle de fer par où l'on
monte un à un : un gros homme n'y passerait
pas. Comment le P. Géramb a-t-il pu se fourrer
par là? Au bout de l'échelle, on se trouve dans
un gros cabinet tout rond : on se tire un peu de
côté pour laisser passer les autres ; quand on est
entassés là, douze à quinze personnes, on a le
plaisir de se dire qu'on est dans la boule qui
forme le globe sous la croix. « Ah! les beaux
poussins qui écloraient là-bas, si l'œuf tombait!
s'écria parmi nous un loustic français. » Le cœur
manqua à quelques-uns, qui redescendirent de
suite.

On voyait Rome, sa campagne et la Méditerranée au loin, par de petits trous percés dans la
boule. Je regardai surtout longtemps dans le
vaste jardin du Vatican, dont l'ancien propriétaire
s'appelait Néron, le même qui fit mourir deux
pauvres hommes obscurs dont la tombe a fait

construire cette immense basilique, et dont le successeur loge là-bas, à deux pas, dans ce palais
peut-être le plus vaste du monde. Mes réflexions,
d'assez courte durée, ne m'empêchaient pas de
rire de notre position comique et de l'air effaré
avec lequel on se regarde les uns les autres,
comme si on était dans un ballon. Cette boule
est le côté burlesque de la basilique, comme dans
un grand poëme il y a parfois des passages risi-
bles. Nous dévallâmes gaîment de notre haute
position, à laquelle nous ne pouvions nous faire,
et quelques minutes plus tard nous foulions de
nouveau le pavé plus rassurant de la place St-
Pierre.

Nous étions heureux ce jour-là. Munis d'un
permis de Mgr Borroméo, camerlingue de S. S.,
nous pûmes pénétrer dans la fabrique des mosaïques du Vatican. Dans une longue galerie, enri-
chie de tableaux sur toile et de mosaïques, des
ouvriers patients et intelligents composent lentement ces chefs-d'œuvre dont je n'avais pas d'i-
dée. L'un d'eux faisait précisément, sur un tableau rond, le portrait de Pie IX pour l'église
de St-Paul *extra muros*. L'artiste a près de lui
un tableau à l'huile qui lui sert de modèle, et, devant lui, un tableau enduit de mastic sur lequel

est dessiné à grands traits le modèle; de plus, il a près de lui une multitude de cases pleines de très-petites parcelles de marbre de toutes couleurs et de toutes nuances: un style à la main, il pique son tableau et y fixe, côte à côte, avec un admirable talent, ces petites parcelles de marbre, lesquelles, pour les physionomies et les fleurs surtout, exigent une délicatesse de choix incroyable. L'ouvrage marche si lentement, qu'un tableau de trois pieds de diamètre demande quatre à cinq années de travail.

Nous visitâmes ensuite le musée des statues grecques, romaines, égyptiennes et étrusques. Pour les détails, il faudrait des volumes; ils existent. Je ne consignerai ici que l'impression générale qui reste de cette visite. Les statues de l'art grec sont des modèles qui font le désespoir des artistes de tous les âges : c'est là qu'on souffre avec Laocoon, qu'on se redresse de fierté devant l'Apollon du Belvedère, qu'on pardonne à la chaste nudité de la Vénus. — Les statues romaines représentent les grands hommes dont l'histoire nous est familière dès l'enfance : Caton, Brutus, Cicéron, César, Auguste, Titus, Virgile, etc., et cette longue suite d'empereurs cruels, stupides, lâches, dont les bustes, tantôt maigres, tantôt obè-

ses, étonnent souvent par leur expression vul-
gaire.

— Les monuments étrusques sont gigantesques et étranges; — les monuments égyptiens font
horreur : ce sont des momies, des tombeaux in-
formes comme des auges, des dieux monstrueux
à tête d'animaux, aux corps raidement assis.

On nous introduisit ensuite dans les fameuses
salles peintes par Raphaël et qu'on appelle les
stanze. Plusieurs artistes y travaillaient à des co-
pies. Ce sont des fresques de quinze à vingt pieds
de haut sur une trentaine de large, représentant
des sujets historiques ou allégoriques avec une
vérité pleine de poésie. C'est l'idéal. Ce n'est pas
la nature; mais c'est naturel. Les beaux tableaux
sont comme les chefs-d'œuvre en littérature : ils
paraissent n'avoir rien coûté, être faciles à imiter; on s'en croirait presque capable; et puis on
trouve qu'il faut des siècles avant que reparaissent de pareils maîtres.

Nous étions encore retombés dans notre faute
ordinaire : nous avions vu trop de choses; le
corps se fatigue; l'esprit se lasse encore davantage. On arrive à cet état insupportable du gour-
mand immodéré, qui voit une table exquise, mais
qui ne peut plus manger, et l'on sait combien les

Anglais trouvent que c'est un cruel supplice. Par
cette intempérante curiosité, on se donne des in-
digestions d'admiration. La mémoire confond tout:
statues, temples, tableaux, palais; c'est une accu-
mulation, un imbroglio de sensations et de souvenirs, qui rebute et jette l'âme dans une
sorte de dégoût nauséabond. Encore une fois, tel
n'est pas le spectacle de la nature, qui ne lasse
jamais. Nous rentrons à l'hôtel, ployant sous la
fatigue physique et morale.

14 septembre. — Après la sainte messe célébrée
aux prisons *Mamertines*, nous nous concertâmes
sur l'ordre que nous suivrions dans les visites
des monuments, auxquelles nous destinions cette
journée; nous décidons sagement que nous prendrons notre temps.

Nous vîmes ainsi successivement le Panthéon,
que j'avais déjà visité sans le savoir et à la dérobée. C'est un des monuments les mieux conservés
de Rome payenne; on y voit plusieurs tombeaux
remarquables. entre autres celui de Raphaël, et
le cœur du cardinal Gonzalvi. J'ai déjà consigné
l'observation que c'est le Panthéon qui a fourni
le modèle à Michel-Ange pour la coupole de St-
Pierre. Sur la place du Panthéon s'élève un gigantesque obélisque égyptien; la douane, avec

sa superbe colonnade; la façade de ce singulier
monument est une des faces du temple de Marc-
Aurèle; *le monte Citorio*, palais de justice, monticule élevé au moyen des ruines accumulées de
l'ancienne Rome; le palais de Venise où j'ai eu
l'honneur de parler au cardinal Castra-Cani, bon
vieux bien cassé, que j'avais appris à connaître
en Savoie; inutile de faire une énumération et
une description de chacun des monuments que
nous visitâmes. Cette nomenclature n'a d'intérêt
que sur place.

Nous passâmes sur la place Trajane creusée à
six pieds environ plus bas que le sol; un bel obélisque en occupe le centre, et des tronçons de
colonnes indiquent la place qu'elles occupaient,
quand elles étaient debout sur ce forum construit
par Trajan.

En se glissant par ces rues étroites et sombres,
on arrive à côté des *Cloaques*, le plus vieux monument de Rome. On voit une voûte en briques,
qui étonne par ses dimensions. Le plus grand
de ces égoûts sert encore à sa destination primi-
tive, et dans ses profondeurs coule encore, au milieu des ordures, une eau sale et bourbeuse. Ce
monument remonte aux Tarquins et compte ainsi
2,400 ans d'existence.

Nous nous perdîmes par le marché aux poissons
à la recherche du théâtre de Marcellus, élevé par
Auguste à la mémoire de ce neveu de si haute
espérance. Nous y trouvâmes des restes superbes
d'arcades superposées et nous pûmes nous con-
vaincre que l'admiration que ce monument excite
est richement justifiée. De là, on entre dans une
rue étroite dont les maisons sont très-élevées:
une porte abattue à chaque extrémité par les ordres de Pie IX indique l'emplacement du *ghetto*
des juifs. Il faut être à Rome pour y voir régner
la liberté et la tolérance religieuse et politique,
et non consulter les diatribes qui pullulent contre le gouvernement des Papes, dans certains
pays qui se targuent de leurs institutions et où
ne règne guère que la liberté du mal.

Nous voulûmes voir aussi la maison de Béa-
trice, cette généreuse bienfaitrice de l'Eglise, cette
princesse si dévouée à saint Grégoire VII. En
cherchant les ruines des thermes d'Agrippa, nous
nous retrouvâmes devant notre hôtel. Je ne m'é-
tais pas encore si heureusement égaré dans
Rome.

Dans l'après-midi nous visitâmes l'église de
St-Pierre-ès-Liens sur le mont Esquilin; un moine
très-complaisant nous montra en sacristie une

case noire et barricadée où sont déposées les
chaines du Prince des Apôtres. Ce qui me frappa
ensuite le plus dans cette église, ce fut le superbe Moïse de Michel-Ange. Vraiment c'est un
spectacle foudroyant. Cette statue en marbre
blanc, d'une hauteur d'une quinzaine de pieds,
représente Moïse avec les tables de la loi. Quelle
figure ! C'est l'autorité personnifiée. J'étais stupéfait d'étonnement et de terreur ; je la vois encore
maintenant. Laissant à droite les thermes de
Titus que nous avions déjà visités en traversant
la voie Lavicana, nous voyons l'église des SS.
Jean et Paul, puis celle de St-Grégoire-le-Grand
sur le mont Celius; c'est une promenade délicieuse au milieu des bosquets. Quand on a parcouru, sous un soleil brûlant, les rues puantes de
la Poissonnière, on se sent dans un autre monde,
au milieu de cette fraîche solitude du mont
Celio.

Nous remarquâmes avec indignation, en revenant près du Colysée, l'incroyable indolance avec
laquelle des ouvriers terrassiers s'occupaient de
leur besogne. Les papes, pour faire à la fois deux
bonnes œuvres, font creuser autour des monuments pour les mettre au jour, et fournissent par
là du pain à de pauvres gens. Mais ces messieurs,

qui regardent cela comme une aumône et non comme un salaire, répugnent à la moindre peine. Deux ou trois pelletées de terre dans une brouette ; repos avant, pendant et après. Enfin les voilà qui prennent leurs brouettes tous à la fois ; mais à vingt pas ils s'arrêtent, s'asseyent et se reposent. Ah ! ce sont de véritables ouvriers des ateliers nationaux. Et ça voudrait s'ériger en république, pour faire renaître les beaux temps où le Romain creusait chaque soir le retranchement de son camp ! Allez donc avec votre république. peuple dégénéré ! il vous faudrait non pas l'autorité paternelle des papes, mais la *schlague* ou le *knout*. Ils sont bien trop heureux de n'avoir que les Français que ces fainéants détestent néanmoins cordialement.

15 septembre. — Nous nous rendons de bonne heure à St-Pierre pour célébrer la sainte Messe, dans cette vénérée chapelle de la *Confession* des SS. Pierre et Paul, où je n'avais encore pu que m'agenouiller à l'entrée. C'est un tout petit oratoire, à peine éclairé par un soupirail : les murs sont richement ornés.

Dans la sacristie, nous trouvons des sacristains en conversation et une foule d'enfants de chœur. qui babillent, se chamaillent, folâtrent ni plus ni

moins que dans notre sacristie métropolitaine. Il
parait que c'est un privilége des grandes sacristies. Dans les sacristies paroissiales, cela ne se
permet pas.

J'arrivai le premier : mon habit laïc et mon
chapeau blanc n'étonnèrent point ce monde. Un
enfant de chœur tonsuré, en soutanelle violette
et en rochet fut mon servant de messe : il avait
soin de se tenir près du livre, comme un diacre,
et m'indiquait les oraisons, comme celle des apôtres qui se dit toujours, me fit-il remarquer, quand
on célèbre en ce lieu. Cet aimable enfant était
très-intelligent, quoique un peu évaporé.

J'offris le saint sacrifice pour toutes les personnes, vivantes ou mortes, parentes et amies que
la Providence avait eu la bonté de placer autour
de moi dans le chemin de la vie ; pour....

Pendant mon action de grâces, arrivèrent, en
soutanes blanches, des ecclésiastiques allemands
que j'avais vus avec nous en laïcs à Livourne ;
c'étaient des membres de quelque grande ab-
baye, je pense. Ils avaient des domestiques dont
la tenue singulière étonnait même les Romains :
ils portaient une soutane violette, manteau d'honneur, de grandes bottes et chapeau gancé à glands
d'or.

Au retour, nous visitâmes l'hôpital du Saint-
Esprit, puis les ruines du pont Vatican. Il nous
eût fallu longer le cours du Tibre pour retrouver
les endroits, célèbres dans l'histoire romaine, où
la vierge Clelia le traversa à la nage, où Horatius
Coclès, après un héroïque dévouement, échappa
aux mains des soldats de Porsenna, où, plus tard,
Maxence, fuyant Constantin son vainqueur, se
noya dans ce fleuve fameux. Mais c'était un dimanche; nous ne voulions rien ce jour-là de
Rome payenne.

Nous visitâmes l'église de St-Augustin, puis
celle de Sainte-Agnès, sur la place Navone, où
avait été martyrisée cette dernière héritière des
Scipions. Je remarquai plusieurs autels, dont
chacun portait, en stuc admirablement travaillé,
un évènement de la vie de la sainte. Les poses
sont cependant un peu maniérées, un peu trop
difficiles. On voit que l'artiste a voulu se donner
le plaisir de vaincre les difficultés plutôt que celui d'être vrai.

Rentrés à l'hôtel, nous écrivimes en Savoie;
puis, je rédigeai, pour nos missionnaires d'Annecy, une supplique que je me proposais de présenter le lendemain au St-Père; nous venions
d'obtenir notre audience.

Sur le soir, on me propose d'aller aux Caravites. Sans savoir ce que c'était, que ces Caravites,
je suivis machinalement. Dans une rue étroite et
sombre existe une église où se réunissent les confrères qui portent ce nom. Ils sont agenouillés
contre des espèces de lits de camp tout autour de
l'église : un prêtre priait au pied de l'autel, devant le tabernacle ouvert. A un signal donné,
toutes les lumières s'éteignent : on récite lentement le *miserere* et tous les confrères se frappent
rudement avec des disciplines; on entend les coups
secs du fouet sur le corps, puis de sourds gémis-
sements. Je me sentais le cœur étreint. Ce spectacle, on plutôt, ces ténèbres et ces coups me
donnaient une sorte de religieuse terreur. A la fin,
les lumières reparaissent ; les coups ont cessé : on
donne la bénédiction avec le St-Ciboire, et les
confrères se retirent par différentes rues en chantant à haute voix des cantiques à Jésus et à
Marie. Quelle ville que Rome, qui présente en un
jour tous les genres de spectacles, depuis les
ignobles saturnales de la populace, jusqu'aux rudes et publiques pénitences des premiers chrétiens !

En sortant de là, nous entrons dans un café,
où des officiers français, joyeux et insouciants,

prenaient gaîment le café et les sorbets, en se
plaisantant mutuellement sur leur habileté dans
la langue italienne, qu'ils écorchaient à plaisir et
à haute voix : les habitués romains les regardaient avec une muette fureur, qui ne faisait
que stimuler encore la provocante hilarité de nos
sous-lieutenants.

16 septembre. — C'était le jour de notre audience au Vatican. Nous prenons un fiacre et nous
nous faisons conduire à la villa Lanti, où nous
devions faire notre toilette ecclésiastique, chez
l'excellent M. Métral. Nous recommandâmes à
notre cocher de nous attendre devant la porte du
St-Cœur. A notre retour, comme nous remontions
en voiture, l'honnête cocher, stupéfait, voulait
nous en empêcher, ne nous reconnaissant plus.
Nous eûmes de la peine à le ramener de son er-
reur, dont il rit ensuite de bon cœur avec nous ;
et à dix heures, notre voiture à deux chevaux,
décrivant une courbe grâcieuse devant le poste
des Suisses nous déposa solennellement devant le
perron du Vatican.

Nous montons par dessus les appartements du
cardinal Antonelli, au second ; ce sont les appartements pontificaux ; nous traversons une salle
pleine de gardes vêtus à peu près comme nos ca-

rabiniers. Dans une seconde salle, nous trouvons
la garde noble, riche tenue de dragons. Introduits dans une troisième pièce, nous somme dans
la salle d'attente. Les visiteurs affluaient circu-
lant avec précaution et parlant bas. Le service
de la salle se faisait par des ecclésiastiques en
surplis et par des gentilshommes richement vêtus
en satin noir : culottes courtes, souliers à talons
hauts, avec boufettes à la boucle, justaucorps
plissé, mantelet court et fraise autour du cou,
avec une chaîne d'or sur la poitrine : absolument comme les seigneurs français de la cour des
Valois.

On s'assied sur des tabourets autour de la salle.
Nous pensions attendre plusieurs heures. Au bout
d'un quart d'heure, un abbé nous appelle par nos
deux noms : je demeurai abasourdi : mon imagination n'était pas prête, je suivis machinalement,
cherchant à me rappeler à la hâte le cérémonial
des trois génuflexions et du baisement de la mule.
Je pensais enfiler une longue suite d'appartements et pénétrer dans quelque grande salle, au
bout de laquelle je verrais le St-Père sur un trône.
L'abbé introducteur s'arrête presque aussitôt sur
le seuil d'une petite chambre et nous fait passer
devant lui. La chambre était nue ; je vois un

crucifix, et à droite presque derrière la porte,
voilà le St-Père debout devant une table. Il nous
sourit avec bonté et nous invite à avancer, par
ces mots: Allons, venez mes Savoyards. Nous fai-
sont nos génuflexions, ou nous ne les faisons pas;
nous nous trouvons, je ne sais comment, proster-
nés tous les deux à ses pieds. Il était assis. Ses
pieds, que nos yeux cherchaient, étaient cachés
sous le tapis de la table. Il nous prit les mains
que nous couvrîmes respectueusement de baisers.
J'était plus troublé qu'une petite fille parlant à
M. le curé.

Il nous demanda des nouvelles de nos évêques,
de Mgr Charvaz, de notre Savoie. Il voulut savoir si l'on parlait français en Savoie. Sur notre
réponse affirmative, il sourit avec un charmant air
d'incrédulité, en nous disant: *Oui, oui, un français
un peu mischinto*. Il voulait absolument, en nous
plaisantant, que le français de la Savoie ressem-
blât à l'italien du Piémont. Puis, nous faisant
relever, il nous dit, toujours avec la même affabilité paternelle, *Surgite, surgite*, non pas *mortui;*
car vous êtes bien vivants — puis, sur un ton plus
sérieux : vivants de la vie de Dieu. Ah! grand
Dieu! si j'avais eu quelque grave reproche à me
faire dans ma conscience, quel remords cuisant

7

ce doux langage aurait fait entrer dans mon
cœur!

Mon ami s'était rapproché à genoux du St-
Père. — Moi, à genoux, derrière, je tenais, entre
mes mains jointes, la supplique de nos missionnaires. J'avais enfin le bonheur de considérer
plus à mon aise l'auguste personne de Pie IX.
Son air me parut plus fin, plus doux, plus mé-
lancolique qu'à Ste-Marie *del popolo*. Il était en
calotte blanche, en soutane blanche, sans ceinture
ni rabat, sa croix pectorale, attachée par une
chaine d'or, était fichée dans sa boutonnière. Il
aperçut ma supplique, me la prit des mains, et,
mettant des lunettes d'or posées sur sa table, il la
lut en silence. Elle contenait quatre demandes.
Il me fit expliquer ce qu'étaient ces misionnaires
d'Annecy : je répondis à S. S. qu'outre les missions
du diocèse, ils étaient encore chargés des missions de Visagapatam dans les Indes Orientales.
Il prit sa plume ; me fit approcher de sa table et
me-montrant ma supplique, me gronda doucement d'avoir mis tout cela ensemble. « Il fallait
écrire chaque demande sur une feuille séparée,
me dit-il ; puis, souriant devant mon embarras,
« mais vous autres Savoyards, vous n'y faites pas
tant de façons ; vous mettez tout sur le même pa-

pier. — Voilà, ajouta-t-il, j'accorde les deux premières demandes ; puis il les data et les signa de sa main. « La troisième ne vaut pas la peine ; ces petites sœurs peuvent bien se confesser tous les huit jours à leur *Capellan*, sans attendre les quinze jours. Pour la quatrième, (c'était le pouvoir de missionnaire apostolique pour les missionnaires des Indes), il faut faire cette demande à la propagande, je la reverrai après et je l'accorderai. »

Je restai confondu de tant de bonté ; il prit mon silence pour une interrogation et m'indiqua la place d'Espagne où était le palais sur lequel on lisait ces mots : *De propagandâ fide*, en ajoutant : vous avez bien compris ; je ne puis pas mieux vous dire. J'étais vivement affligé que cette malencontreuse supplique eût donné tant de peine au St-Père.

Il se retourna ensuite vers M. D., debout derrière moi, en lui disant avec bienveillance : et vous, ne demandez-vous rien ? — Non, Sainteté, répliqua de suite mon digne ami. — Ah ! s'écria le St-Père, peu accoutumé à cette discrétion. Il a dû, le saint homme ! se souvenir un jour de ces deux Savoyards originaux dont l'un voulait tout, et l'autre, rien. Nous plaisantâmes beaucoup, au Sacré-Cœur, M. Du., qui avait été assez inhumain pour ne vouloir rien accorder à S. S.— Si mon ami lit jamais ces lignes, qu'il regrette encore le beau chapelet ou la belle médaille manquée alors! de l'humeur indulgente, je dirai presque joviale, dont était alors le St-Père, mon ami aurait obtenu tout ce qu'il aurait voulu, peut-être l'érection de Rumilly en évêché! —

Nos inséparables Français, compagnons de voyage, furent introduits après nous. Le plus jeune d'entre eux, qui prononçait l'italien comme un Parisien, commença une superbe harangue au *Santó Padré*..... Nous sortîmes. A la porte, nous retrouvâmes nos chapelets bénits par le pape, modestes présents que nous nous réservions le plaisir d'offrir à nos parents et à nos amis au pays. Nous sortîmes du Vatican, tout ahuris de l'honneur inappréciable que nous venions de recevoir. Dire la Ste messe à St-Pierre sur l'autel de la confession, baiser la main du St-Père et lui parler pendant dix minutes: c'était, ma foi! une belle journée. Désormais nous pouvions quitter Rome. Revenus à la villa Lanti, nous déposions nos grands manteaux romains, et là, les plaisanteries sur nos naïvetés recommencèrent de plus belle. Le dépit de mon ami me conso-

lait un peu de l'inconvenance de mes exigences.

L'après midi, nous nous promenions à l'aventure, revenant avec bonheur sur notre audience
de la matinée, lorsque nous fûmes rejoints par un
jeune Savoisien, artiste à Rome; grâce à son obli-
geance, nous pûmes visiter une partie de la ville
que nous n'avions encore vue qu'à la dérobée,
Ste Marie-des-Anges, édifice construit avec des
restes des bains de Dioclétien, célèbre par sa mé-
ridienne. Michel-Ange a laissé à leur place huit
colonnes de granit qui occupent le centre de l'é-
difice. — Et quand on songe que cette église n'est
autre chose que la grande salle impériale du cruel
Dioclétien, destinée maintenant au culte de la
Reine des Anges et aux dures pénitences des
Chartreux, qui n'admirerait ces changements
providentiels?

Les thermes construits par ce féroce empereur
sont encore plus spacieux que ceux d'Antonin et
de Titus. Nous dirigeant par la voie Salaria, nous
visitâmes l'emplacement des fameux jardins de
Salluste. La porte Salara nous offrit encore des
traces de guerre. Belle encore, la villa Albani a
aussi souffert et maintenant est abandonnée. Ce
sont des demeures princières; mais je soupçonne

que leurs propriétaires appauvris ne peuvent plus
y mener une vie princière; tout est négligé, désert; et ces superbes palais, ces jardins merveilleux, où leurs ancêtres ont entassé les millions,
ne sont plus aujourd'hui que des sortes de musées
qui font vivre le concierge des *bonnes-mains* des
curieux.

17 septembre — Ce jour, j'eus le bonheur de
célébrer la messe sur l'autel et les reliques de
mon patron, saint Louis de Gonzague.

Nous eussions dû nous reposer quelques jours
à Rome et y prolonger ensuite notre séjour; il
faudrait bien faire un voyage important, qu'on ne
fera probablement pas deux fois en sa vie. Mais
la fièvre de la curiosité ne nous ayant laissé aucun relâche, nous étions allés, allés jusqu'à ex-
tinction, et quand les forces commencèrent à nous
manquer et, avec elles, le plaisir de voir, nous
nous prîmes de dégoût pour Rome et nous réso-
lûmes notre départ prochain.

Avant d'en venir à l'exécution, je perdais mon
temps à parachever les commissions dont je m'é-
tais chargé. Si j'ai eu un peu trop de complaisance, j'en ai fait pénitence et j'en ai eu une
ferme contrition; elle m'aura donc été pardon-
née.

Le Forum. — Une de mes promenades favori-
tes, c'était le *forum*. A cinq heures du soir, après
diner, je sortais avec M. D. et j'allais, en passant
par le Capitole, m'asseoir sur quelque tronçon de
colonne, au milieu de cette place orageuse où les
passions populaires de la république soulevèrent
si souvent leurs tempêtes. Tantôt au clair de la
lune, sous ce ciel perlé et pur qui semble transpa-
rent, je promenais mes regards sur les alentours,
sur le Capitole, sur l'arc de Constantin, sur les
trois colonnes cannelées du temple de la Concorde,
sur le péristyle de celui de Castor et Pollux, sur
celui de Mars. Presque toutes ces ruines sont à
côté d'églises chrétiennes. Un peu plus loin s'ouvre le temple de la Paix ; des bouviers y ont al-
lumé un feu rougeâtre, qui illumine tout l'édifice.
La Voie-Sacrée, partie du pied du Capitole,
monte et va passer à côté de l'arc de Titus, où l'on
voit encore, sur un bas-relief, un soldat romain
portant le chandelier à sept branches du temple
de Jérusalem. Quel vieux témoin de l'histoire
sainte !

L'antique *Forum*, autrefois couvert de statues,
de temples, d'arcs de triomphe, a perdu jusqu'à
son nom ; c'est maintenant le *Campo Vaccino* : rien,

sur cette place déserte que quelques gros bœufs
couchés tout attelés à côté de leurs charriots.

Tantôt, oubliant le présent, mon esprit remon-
tait aux vieux âges de Rome, et, redescendant depuis l'enlèvement des Sabines et le combat de
Camille contre les Gaulois, il arrivait à Cicéron
dont la voix retentissait encore à mes oreilles.
J'étais assis au pieds du mont-Palatin, précisément sous la tribune aux harangues, où Antoine,
un jour, fit placer la tête et les mains de Cicéron.
Patriciens, tribuns, centuries, Milon, Pompée, César, tous défilaient devant moi. Il n'y avait pas
jusqu'au *Ibam forte via sacra* d'Horace et le *Undi-
que aliqu i pars fori aspici potest* de Cicéron, qui
ne revinssent si vivement à mon esprit, qu'il me
semblait éprouver quelque chose de l'ébahisse-
ment d'une âme qui aurait la conscience de sa
métempsycose. L'illusion était complète, quand
la voix de mon compagnon, en me rappelant, faisait évanouir le rêve. Il n'était pas prudent de
s'attarder sur cette place déserte : il y a encore
par là de petits Clodius, des Catilina déguenillés
qui pourraient sortir tout-à-coup de quelque ruine
et vous traiter encore en maîtres du monde.

Le Capitole une fois franchi, on se retrouve
dans la Rome moderne, au milieu de la foule, des

boutiques, des cigares : il a dix-huit siècles en
deçà et au delà de ce monticule : ici Cicéron et
Jupiter ; là, Mazzini et le Pape et, par dessus tout,
toujours Dieu qui se joue de nos grandeurs qui
lui font pitié. Grand Dieu ! quelle figure devait
faire saint Pierre, en arrivant au milieu de cette
Rome superbe et corrompue ! et cependant, il y a
fondé un empire plus durable que celui des Césars, sans légions, sans trésors, sans éloquence,
et sa dynastie de célibataires est encore là, malgré les bourreaux, malgré les hérésies, malgré les
barbares, malgré les destructions et les incendies
successifs de Rome.... malgré les fureurs des faux
patriotes d'aujourd'hui. En vérité pour moi le
Forum est plus éloquent que le temple de Saint-
Pierre.

18 septembre — Messe sur l'autel et les reliques de saint Ignace de Loyola.

Nous parcourûmes ensuite le collége Romain,
bâti par le cardinal Farnese ; c'est un vaste édifice, formant un carré oblong, divisé au milieu
par une aile transversale. Nous voulûmes visiter
la chambre de saint Louis de Gonzague, dévastée
l'année dernière (1849) par les Vandales libéra-
tres. Ces amis du progrès et de l'*Idée* jugèrent
aussi à propos de mettre le feu à la maison, en

commençant par le cabinet de Physique, l'un des plus riches de l'Europe. Je demandai en vain quelque relique de mon S. Louis ; impossible d'en obtenir. Pendant qu'on me cherchait une image du Saint, je coupai à sa porte une parcelle de bois que je conserve précieusement.

Nous obtînmes une audience du R^d P. Roothan, général de cet ordre, aussi honoré par les haines de ses ennemis que par les sympathies de ses amis. Le vénérable religieux nous accueillit avec bonté ; il paraissait souffrant et bien attristé ; ses paroles respiraient un profond découragement. Il me souvient qu'il comparait fort bien les Romains, dans leur conduite envers Pie IX, aux Juifs du temps du Sauveur.

Après cette visite, nous montâmes à l'observatoire qui domine le collége romain. On y voit de merveilleux instruments astronomiques dûs en partie à l'illustre Secchi, jésuite encore vivant. Un religieux travaillait à l'observatoire. Nous vîmes la grosse boule noire qu'on laisse tomber à midi précis pour donner le signal au canon du fort St-Ange, qui annonce l'*angelus* de midi. Les Garibaldiens, incapables de continuer le travail journalier de l'observatoire, avaient été obligés d'y rappeler furtivement un Jésuite, ces Chinois !

Nous devions une visite d'adieu et de reconnaissance au cher M. Métral, à la villa Lanti. Au retour nous poussâmes une promenade jusqu'au Pincio et à la villa Borghese qu'on ne se lasse pas de voir.

Rentrés à l'hôtel, nous réglâmes nos comptes et nous prîmes des arrangements avec un voiturier qui se chargeait de nous conduire, nous deux et les cinq abbés français, à Naples pour le 21 septembre au soir. Voici donc notre dernière nuit à Rome : elle fut réparatrice.

19 septembre. — DÉPART DE ROME. — Après avoir dit la Ste-Messe à l'église du *Gesù*, pour ne plus la dire jusqu'à Chambéry, nous prîmes nos dernières dispositions pour le départ. J'étais content comme on l'est jeune, quand on part pour les vacances. Pour le moment, j'en avais assez de Rome ; volons à Naples !

A dix heures nous montons en voiture. M. Sauve, notre hôte, nous dit adieu ; nous le quittons avec un peu d'émotion. C'est toujours sérieux de se quitter pour toujours. Quatre haridelles, attelées à une mauvaise voiture, traînaient, outre le conducteur, gros gaillard, M. D., les cinq

prêtres français et ma personne. Je m'étais préa-
lablement emparé d'une place que personne ne
voulait me disputer, celle du siége, à côté du conducteur. J'étais mal assis et grillé par le soleil;
mais je pouvais voir; après le vivre et le couvert,
que faut-il davantage à un touriste? Notre berline
trimbalait lentement par la rue *Piè di Marmo*, par
la place Trajane, le long du Colysée, devant St-
Jean-de-Latran et nous sortîmes de Rome par
l'ancienne voie Appienne; le soleil de midi nous
frappait à-plomb sur le visage.

Voilà de nouveau la campagne romaine : quel
désert! pas une seule maison, pas un seul champ
cultivé, pas un seul arbre; rien, qu'une plaine
inégale, couverte d'une longue herbe sèche et
coupée de temps en temps par des restes de tours
ou d'antiques édifices, ou par des tronçons de ces
portiques prolongés qui portaient les aqueducs
des pays environnants à Rome.

Nous allions assez bon train, ayant devant nous
la colline d'Albano qui se prolonge à gauche, par
derrière nous, par Frascati et Tusculum jusqu'à
Tivoli. Enfin nous atteignîmes cette montée d'Albano où s'étaient rencontrés Clodius et Milon.
C'est d'ici que lord Byron, dans Child-Harold,
salue pour la dernière fois Rome et, se tournant

vers la mer qu'on voit d'ici, lui adresse une apostrophe si poétique. C'est là-haut qu'était jadis Albe-la-Longue, la première origine et la première conquête de cette Rome qui ne devait s'arrêter qu'au bout du monde. Le Castel-Gandolphe, palais d'été du Pape, s'élève pittoresquement au sommet d'Albano ; tout près nous voyons l'entrée de la villa Torlonia.

D'Albano, la route perd sa monotonie ; elle devient accidentée, monte, tourne, descend, se replie en tous sens. On revoit avec plaisir les bosquets et les grands arbres, de petits vallons bien frais, des monticules couverts de verdure ; on se croit dans les plus beaux sites de la Savoie ; mais ici, c'est le soleil d'Italie, bien autrement resplendissant qu'au *pays*. C'est par derrière ces coteaux enchantés, dans ces vallons ombreux, que dort le lac Némi.

Nous descendîmes pour franchir à pied le lit d'un torrent profondément encaissé sur lequel on jetait alors un pont magnifique à deux rangs d'arches superposées. De l'autre côté est Aricia. Nos compagnons de voyage, qui, dans leurs volumineux bagages, n'avaient rien oublié, lisaient alors Horace, satire V, voyage à Brindes. C'est à eux que nous devons toute notre érudition sur

cette partie de la route. Le plus jeune me fit lire
ces mots, avec une intention moitié moqueuse,
moitié bienveillante :

Egressum magnâ me accipit Aricia Româ,
Hospitio modico: Rhetor comes Heliodorus
Græcorum longè doctissimus, etc.

De là le chemin devient encore plus tortueux,
presque constamment caché dans les arbres : parfois une échappée de vue nous permet de voir au
loin la mer. Nos doctes français nous montrèrent
une colline couverte d'une tour : c'était Lanuvium.
Tout à coup nous découvrons près de nous une
longue colline que nous allons franchir : une ville
assez grande s'étend sur toute sa cime ; c'est Velletri, l'ancienne capitale des Volsques; c'est ici
que Coriolan vint chercher à se venger de son
ingrate patrie. Nous y prîmes quelques rafraîchis-
sements. Une vieille volsque nous vendit des rai-
sins, et une nuée de petits volscaillons entouraient
la voiture, demandant des baïoques : ces mar-
mots étaient originaires de la même ville qu'Auguste.

De Velletri on descend dans une plaine où
commencent les fameux Marais-Pontins et, vers la
nuit tombante, nous arrivâmes à la Cisterne, à
14 lieues de Rome : c'est l'ancien *tres Tabernæ*

dont il est question aux Actes des Apôtres, et où
saint Paul, amené à Rome, trouva les premiers
disciples qui venaient à sa rencontre. En attendant le souper, nous visitâmes l'église; j'y remarquai, parmis les *ex-ro'o*, des poignards et un fusil;
je revis plus tard de pareils objets à Naples; ces
ex-roto rassurent médiocrement le voyageur.

Le serein était abondant et très-froid. Il fallut
rentrer pour nous chauffer comme des Lapons.
Le souper fut très-gai; mais une petite mystifica-
tion me rendit méchant et presque injuste; je de-
vins caustique et âpre le reste de la soirée: nos
Français étaient bien les meilleurs hommes du
monde; mais il fallait quelquefois leur rappeler
que les Savoyards ne se croyaient pas plus hono-
rés de voyager avec eux qu'avec tout autres;
j'en consignai même la remarque sur l'album de
l'hôtel d'une manière assez agressive pour que
notre soirée en finît là brusquement. Nous ne
dormîmes pas plus qu'Horace: *mali culices, rana-*
que palustres avertunt somnos.

20 septembre — TERRACINE. — À quatre heures,
nous étions sur pied: le ciel était couvert; nos
compagnons, encore endormis et taciturnes. Nous
allions traverser ces interminables Marais-Pontins. La route qu'on appelle *linea Pia* est la plus

longue, en droite ligne, de toute l'Europe. Partis
à 4 heures, nous n'arrivâmes à Terracine qu'à 10
heures; pourtant nos chevaux avaient presque
continuellement marché au trot. Des peupliers
accompagnent constamment la route aux bords de
laquelle on ne trouve que les relais de poste, et,
une seule fois, un couvent abandonné. Deux canaux sont creusés de chaque côté : le plus grand,
qui traverse tous les marais se nomme le *grande
nariglio*; c'est par là qu'Horace passait dans son
voyage à Brindes, quand il avait à la fois un bateau et un mulet; son *Forum Appi* et *Feronia*
étaient par là. Rien de triste comme cette route
humide, fiévreuse, où l'on ne rencontre pas une
âme. Quelquefois un homme à cheval, avec son
fusil en bandouillère, vous apparaît dans la
plaine; quelquefois aussi on démêle, au milieu
des hautes herbes, de grand troupeaux de buf-
fles, gardés par des pâtres à cheval, qui ont de
longues lances pour gaules. A droite, horizon à
perte de vue: c'est la mer aussi haute que le con-
tinent; à gauche, depuis Astura jusqu'à Terracine s'étend un demi-cercle de collines et de
montagnes dont notre route forme la corde: les
nombreux courants d'eau qui descendent de ces
hauteurs s'arrêtent et se perdent dans les marais,

où il n'est pas possible d'établir assez de pente ;
les canaux anciens et les modernes, creusés pour
dégager ces eaux, ne sont jamais assez profonds
ni assez inclinés pour les conduire jusqu'à la mer.
C'est sur ces hauteurs, ou à leur pied, que se
trouvent Falerne, Sezze, etc.; c'est par là qu'Horace rencontra Virgile et ses amis. A droite on
voit s'avancer au loin dans la mer le promotoire
de Circé, cette enchanteresse si célèbre dans l'O-
dyssée. Devant nous, sous une montagne à pic,
apparait enfin Terracine.

> Atque subimus
> Impositum saxis, latè candentibus Auxur.

En effet Terracine semble laisser le paysage
libre entre la mer et la montagne, en se retirant
vers la base du rocher ; la vue en est magnifique ;
mais si vous y passez, ne vous arrêtez pas. Pendant que nos chevaux reposaient et qu'on nous
préparait la collation, (quatre-temps) nous voulûmes visiter la ville et surtout la cathédrale, une
des plus anciennes du monde, bâtie sur le temple
de Jupiter Auxur. Les rues, les maisons sont d'une
malpropreté dégoûtante. Arrivés sur la place,
nous la trouvons pavée de dalles de marbre; un
péristyle en marbre, avec colonnes canelées, con-

duit à la cathédrale ; mais cette place, ce péristyle, un monument même consacré aux martyrs :
tout est souillé de boue, de débris de paille, d'ordures ; cette tombe des martyrs sert de latrines
publiques. Ces abominables traces se retrouvent
jusque dans l'église. Nous sortimes avec horreur.
L'horizon était obscurci par les brouillards et la
pluie ; nous ne pûmes jouir de la vue de la mer.
Au dessus de nos têtes, à une lieue dans la montagne, nous distinguions les ruines du château de
Théodoric, et sur le rocher près de nous, dans
un angle inaccessible, une petite construction
fortifiée qu'on nous dit avoir servi longtemps de
repaire à un fameux brigand. Les environs présentent encore des restes considérables de la voie
Appienne et des constructions Cyclopéennes, si
visitées des archéologues.

Après collation nous partîmes lentement : notre conducteur ne se fiait plus ni à ses chevaux
ni à sa voiture. La route est déserte et circule
entre des buissons ; il pleuvait et faisait froid :
on eût dit un voyage en Savoie.

Bientôt nous nous trouvons en face d'une
grande porte : c'était la frontière napolitaine ;
c'est là que Pie IX bénit le ciel et entonna le
Te Deum, quand il s'enfuit de Rome, il y a deux

ans. En parcourant la même route qu'il avait suivie, nous nous rappelions avec un cœur ému les incidents et les circonstances de cette providentielle évasion.

La douane napolitaine est plus tracassière et plus avide que celle de Rome. De la frontière, la route est en plaine jusqu'à Fondi, ville antique et noire dont la grand'rue est encore l'ancienne *via Appia*. Nous allions traverser le passage d'Itri, le plus dangereux pour lors par les bandits qui l'infestaient. Nous ne disions mot; nous n'avions pas une arme; la montée devient extrêmement rapide; néanmoins le conducteur ne permit à personne de descendre; il poussait vivement ses chevaux du fouet et de la voix: deux fois nous rencontrâmes des cabanes servant de corps-de-garde à des soldats; ces précautions nous prouvaient le danger. Enfin à la nuit close, nous avions atteint le sommet et échappé aux dangers. Car notre conducteur remontant sur son siège se mit à lancer ses chevaux par une descente fort accidentée. Il chantait un certain air dolent, plein de charmes; je crus y reconnaître le mètre asclépiade. C'est par cette descente que périt le poëte Erménard. Nous cherchions dans les ténèbres à reconnaître le tombeau de Cicéron, quand nous vîmes fuir

près de nous une grosse tour, épaisse et basse.
Le plus savant de la société s'écria : *voilà le tom-*
beau de Cicéron; et nous le crûmes tous sur parole.
Pourquoi non?

Enfin nous nous arrêtâmes devant un hôtel de
belle apparence : nous étions à Mola di Gaëta. Il
était temps d'arriver ; la nuit, l'appétit, le froid,
la fatigue, la peur : tout nous faisait bénir le gite.
Le souper eut aussi sa petite scène à laquelle,
cette fois, nous fûmes étrangers Monsieur D. et
moi.

La pluie avait cessé ; le ciel s'était rasséréni ;
nous allâmes, mon ami et moi, respirer à notre
aise sur une belle terrasse qui dominait la mer.
Des barques glissaient dans l'ombre le long du
bord à nos pieds; la lune tremblait dans les vagues légèrement émues, et à notre droite, à une
lieue de distance, sur la pointe d'un cap, brillait
le phare de Gaëte, naguère hospitalière retraite
du Père des fidèles. Les âges à venir de l'Eglise
trouveront que cette ville a reçu plus d'illustration
par l'asile donné à son chef suprême que par le
tombeau fabuleux de Caïeta, nourrice d'Enée.

Faute de nous rappeler les vers de Virgile,
nous nous contentâmes de fumer comme deux cy-

clopes, en regardant la mer et en parlant de Pie
IX.

21 septembre. —Capoue. — Avant jour la voix
de notre automédon nous met tous debout, et, à
l'aube naissante, nous partions. Mola di Gaëta
est une rue longue et étroite le long de la mer ;
tout le monde était levé ; les femmes filaient sur
leurs portes, les hommes préparaient leurs barques. Dans ce pays on se repose à midi ; mais le
matin et le soir, tout sort, tout remue.

Le temps était superbe, l'air doux et frais ; le
soleil se levait radieux au bas de l'horizon ; ses
rayons semblaient roses ; l'insouciance et le bonheur rayonnaient avec lui dans nos cœurs. Mon ami,
surtout, s'abandonnait à toute l'ivresse d'un enfant ; il chantait, riait, frappait dans les mains ; je
croyais que son délire allait prendre des proportions inquiétantes ; mais rien ne dure ici-bas. Le
soleil monta, avec lui la chaleur augmenta ; les
chevaux se fatiguèrent et ralentirent le pas ; tout
se tut, puis on dormit dans la voiture. Le conducteur inquiet du mauvais état de son équipage,
me dit en italien : « Si nous arrivons à Capoue
sans malheur, c'est une grande grâce de Dieu ;
je suis si infortuné ! » Je ne pouvais le rassurer.
Nous traversâmes ainsi en silence le Garigliano,

sur un pont de fil de fer, et toute la plaine où s'é-
tendent les marais de Minturnes. Faute de mieux,
je cherchais des yeux l'endroit où Marius pouvait s'être caché dans la vase, alors que Sylla
victorieux le faisait chercher.

A dix heures, nous nous arrêtons devant un hôtel. Nous étions à un kilomètre de Sessa, que
nous voyions s'élever avec sa cathédrale de l'autre côté d'un ravin profondément encaissé. Nous
le franchîmes à pied sur un magnifique pont de
pierres. Sessa est une petite ville où nous remarquâmes la beauté des moindres monuments, surtout des fontaines publiques; presque toutes sont
embellies de statues, que personne n'insulte,
malgré des nudités assez crues dont, chez nous,
nos yeux s'offenseraient. Un policeman désœuvré
nous demanda nos papiers; nous fîmes semblant
de ne pas comprendre. Nous fûmes bientôt escor-
tés d'un bataillon de mendiants : nous reprîmes
la fuite. Sur le beau pont de Sessa, nous trouvâmes un enfant au désespoir de ne pouvoir faire
relever sa bourrique qui s'obstinait à rester cou-
chée sur le ventre. En vain prîmes-nous héroï-
quement, M. D. et moi, l'un la bride, l'autre la
queue; la vilaine pécore ne voulut pas changer
d'opinion; nous l'avons laissée là.

Après collation, nous attaquons une rude montée ; nous quittons la terre de Labour. La route était encombrée de voitures pleines d'officiers et de musiciens, qui se rendaient au camp de Sessa, où le roi de Naples allait passer une revue de ses troupes.

Du haut de la montée, quand mon regard put plonger, je crus voir la mer : c'était la Campanie, plaine immense et fertile ; je me rappelai les quartiers d'hiver d'Annibal à Capoue, et je ne fus plus étonné si ses troupes s'y amollirent : les Carthaginois et les Numides, après le passage des Alpes et les rudes batailles de l'Italie du Nord, devaient se trouver bien ici.

La route ne tarda pas à déboucher dans une autre plus large et plus fréquentée ; d'innombrables voitures s'y croisaient, la poussière nous aveuglait, les ornières étaient profondes ; à chaque instant, je croyais entendre le craquement de notre char disloqué : cahin, caha, nous avancions au pas.

Nous entrâmes dans Capoue par un chemin fortifié comme les avenues de Genève. Là, notre conducteur, enchanté d'être arrivé sans encombres, se débarrassa avec joie de nous, et nous de lui, à condition qu'il payerait nos places au che-

min de fer qui commence en cette ville. Capoue
présente de l'importance par ses fortifications,
par sa situation délicieuse, par les ruines de l'ancienne Capoue qui gisent dans ses environs. Sa
population ne paraît pas dépasser 10,000 habitants.

A la gare, même désordre qu'ailleurs: une nuée
d'enfants et de portefaix pénétrent de tous côtés;
il faut soigneusement surveiller ses bagages. Nous
partons vers les cinq heures.

Les wagons volaient à toute vapeur dans cette
plaine délicieuse, cultivée comme un jardin; nulle
part, je n'avais vu encor une aussi belle campagne. Sur le parcours, près d'une petite gare, nous
aperçûmes un immense édifice: c'était un grand
carré de bâtiments; ce ne pouvait être une caserne, car c'était trop beau, encore moins un couvent; puisqu'on voyait des sentinelles à toutes les
portes. Nous demandâmes; nous étions à Caserte,
au Fontainebleau ou au St-Cloud de Naples, devant un des plus grands palais de l'Europe; nous
étions à la porte de S. M. Ferdinand, roi des deux
Siciles, celui qu'ils appellent le *Bombardatore.*
Salut, demeure royale d'un prince que je vénère
depuis sa belle conduite envers Pie IX. Ferdinand, tu as été bon fils; que Dieu te garde!

Le sifflet du conducteur fit bientôt disparaître
les jardins, les villas et toute leur pompe; nous
rasions la plaine avec la rapidité de l'oiseau qui
effleure la mer. Deux rangs de petites montagnes
bornent l'horizon des deux côtés. Bientôt nous
apparut le sommet du Vésuve, couronné d'un flo-
con de fumée. La lune, au doux regard, semblait
passer d'arbre en arbre comme une navette d'or
dans une trame de soie. Nous allions descendre à
Naples dans un instant, à Naples! Mon imagination se berçait dans les plus beaux rêves. Halte!
Voici la gare! Voici la douane!

Ici, comme à Rome, la poésie n'a plus rien à
faire; les rêves sont envolés. Messieurs, exhibez
vos malles. Je dépose mon sac militaire; un douanier l'entoure et dit: *cela suffit*. Je suis enchanté
de tant de politesse, je plie bagage; mais mon
douanier réclame la *bottiglia*. Ici, ce n'est plus la
mancia, mais c'est la *bottiglia*, encore plus vexa-
toire. Fatigué encor des exactions que j'avais su-
bies à Fondi, je refuse. Le préposé insiste. —
Non. répondis-je laconiquement. Au même instant, un officier me pose la main sur l'épaule et
me dit: *Votre sac? — On vient de le fouiller. —
N'importe! le soldat l'a fouillé; moi, je suis officier.
j'ai le droit de le fouiller après lui.* — Je rentre au

bureau. Un criminel d'état n'eût pas fait plus de
sensation : tous les sbirres m'environnent. M. D.
était alarmé ; moi, j'étais furieux. Un premier employé me fait ouvrir mon sac, en tire pièce par
pièce mon linge, mes papiers, mes chapelets bénits, etc., les examine avec une lenteur narquoise.
— *Finissez-donc,* lui dis-je, tremblant de colère.
— *Patience!* reprit mon noble douanier, *nous visitons les effets.* — *Mes lettres ne sont pas de la con-
trebande et ne vous regardent pas.* — *Ça me regarde
pas? Moi, ze souis la po'ice.* — *Eh bien! J'ai
mon passeport.* — *Voyons-le.* Il l'examine longtemps, le retourne en tout sens : enfin, il me le
rend avec un superbe *c'est bien !* — Si le roi de
Naples est partout ainsi servi, repris-je, *il doit
être tranquille et aimé. Mais c'est égal, vous n'aurez
pas la bottiglia.* — *Faut pas raisonner et vous en aller.* — *Très-vo'ontiers, Messieurs :* et je recharge
mon sac. Grâce à ma diversion, tous mes compagnons passèrent rapidement, j'avais reçu pour
tous la décharge électrico-douanière. Mon ami,
M. D., cherchait à me calmer en me plaignant,
quand un infâme employé vient encore me dire
dans la rue que, mon compagnon n'ayant pas eu
de monnaie, j'eusse à lui donner la bottiglia. Je
restai muet de surprise. — *C'est vrai,* me dit-il,

vous avez été reçu ; mais votre compagnon ne l'a pas été, donnez la bottiglia pour lui. — Allez au diable. avec votre bottiglia. Je devenais féroce. Il nous quitta.

Conduits à l'hôtel des Florentins, nous remîmes nos passeports en entrant. Descendus un instant après dans la salle à manger, voilà notre maître d'hôtel, gros homme replet et âgé qui s'écrie en excellent patois: *Eh ! Bogro ! lequal de vo doux est de la mala betia de Rumilly ?* — Nous faillîmes lui sauter au cou. C'était un M. Martin. bon savoyard de Chambéry, qui, après avoir servi la France comme militaire, avait, depuis 40 ans, servi les voyageurs à Naples, dans cet hôtel où il avait commencé sa fortune. Nous étions si heureux de trouver enfin un *pays*, que nous ne pouvions nous lasser de lui parler, et lui, la larme à l'œil, nous faisait mille questions sur cette chère Savoie que ses enfants n'oublient nulle part. Nous nous sentîmes donc à l'aise et protégés sous le toit du vieux savoyard.

22 septembre. — NAPLES. — C'était dimanche, nous entendîmes la messe à l'église des Florentins. J'y remarquai des ex-veto encore plus singuliers: outre des armes, on voit des seins de

femme en cire, même des bustes entiers; c'est
l'usage et tout est dit.

De la magnifique rue de Toléde où nous nous
promenâmes avec admiration, on arrive devant le
palais royal, précisément au lieu où fut élevée la
fameuse barricade du 15 mai 1848. Ce palais est
remarquable par l'architecture de son frontispice
et par ses vastes dimensions. Au devant, s'étend
une place demi-circulaire, au fond de laquelle
s'élève l'église du St-François de Paule, récem-
ment construite sur le modèle de Panthéon de
Rome, avec des portiques qui ont un peu la prétention d'imiter ceux de St-Pierre, au Vatican.
Mais la hauteur des habitations, qui montent en
amphithéâtre contre la montagne, écrase et an-
nule ce monument.

Entre le palais et la mer, dans un profond en-
foncement, où le regard plonge de la rue, s'étendent des casernes peuplées de garnison et d'immenses arsenaux. On voit là des pyramides de
boulets, des canons et des obusiers empilés comme
des pièces de bois dans un chantier; des canons
braqués autour du palais complètent cette déco-
ration militaire et l'on sourit involontairement en
pensant que c'est là que loge *il bombardatore*.
Mais ce roi *Bomba* est un bon roi, aimé de son

peuple, adoré de ses soldats qui le lui ont bien prouvé. Qu'on ne me dise plus de mal du roi Ferdinand ; il n'a pour ennemis que les ennemis de l'Italie ; il a soin de ses soldats, il veut faire le bonheur de son peuple *sans la constitution*, que ce peuple ne comprend ni ne demande: il a battu ceux qui voulaient le détrôner, il a bien fait ; il a accueilli le St-Père, comme un fils respectueux et aimant. Moi, je l'aime. Vive le roi de Naples, malgré sa vilaine douane !

Après déjeuner, nous nous dirigeâmes vers la cathédrale de St-Janvier ; c'était pendant l'octave de sa fête et nous fûmes témoins du miracle du sang liquéfié. Pour moi, qui avais lu des dissertations sur ce sujet, qui croyais à ce miracle avant de l'avoir vu, j'y crois encore *quoique* je l'aie vu. Le plus fort motif de ma croyance, c'est qu'il m'est impossible de supposer qu'une église métropolitaine voulût et pût tromper des milliers de témoins, et cela, au vu et su de l'église romaine. Quant au spectacle que présente la cathédrale à cette fête, la voici : Nous entrons, l'église se remplissait de monde, de gens de toute classe. Au signal, le clergé part processionnellement du chœur, se rend dans une grande chapelle latérale, et commence les prières qui demandent à Dieu le

renouvellement du miracle : un prélat, en chape,
debout à l'autel, tient avec une écharpe dans ses
mains la fiole miraculeuse, le peuple prie avec
ferveur ; les femmes surtout se distinguent par
leur dévotion assez bruyante : *Ave Maria, pater
noster, gloria patri*, elles mêlent tout avec volubi-
lité et à haute voix. Si le miracle tarde, les prières prennent alors une allure encore plus vive ; on
dirait que l'on craint un malheur ; sur aucun visage je n'ai remarqué la moindre trace d'incrédulité, ni même d'indifférence, encore moins de
mépris. Tout-à-coup le prélat lève les mains,
tout joyeux, en criant : *Miracolo! — Miracolo!
Miracolo!* crie la foule enthousiaste ; le *Te Deum*
s'élance sous les voûtes de la cathédrale, l'orgue
mêle ses graves accents aux chants du clergé,
aux cris du peuple ; bien des gens se retirent : je
voyais des femmes du peuple s'essuyer le front,
se féliciter ; elles semblaient se dire qu'elles avaient
bien eu de la peine ; je me rappelais involontairement Sganarelle s'éventant après avoir guéri
Lucinde. *Le saint s'est bien fait presser : mais enfin...
nous y voilà.* » Caché derrière un pilier, je sou-
riais malgré moi. J'en demandais pardon à St-
Janvier ; je ne riais que des napolitaines. Le
clergé se rend de nouveau processionnellement

au chœur ; les ecclésiastiques, les magistrats, les
grands, puis le peuple, sont tour à tour admis à
baiser la fiole miraculeuse qu'on présente à chaque personne, en l'élevant quelquefois pour faire
remarquer, à travers le cristal, la liquéfaction du
sang noirâtre. Mais là finit la dévotion sensible de
ce peuple singulier; on parle bruyamment dans
l'église et chacun retourne à ses affaires ou à ses
plaisirs.

Revenus à la rue de Tolède, nous la remontâ-
mes jusque vers un vieux palais du *Capi di monte.*
Près de là est l'observatoire, au pied duquel est
une petite terrasse d'où l'on jouit d'une vue incomparable ; Naples tout entier, descendant en
gradins jusqu'à la mer, étendant, comme deux
bras, ses blanches habitations des deux côtés de
la rade à plusieurs lieues de distance, de Pouzzole,
à droite, jusqu'à Castellamare, à gauche, et là, la
belle mer de Naples, avec ses îles d'Ischia et de
Procida ; et là haut, à gauche, la cime noirâtre
du Vésuve, fumant comme un immense phare.
Cette vue, et plus encore, celle prise de la mer,
en regardant Naples, ont fait dire : *Voir Naples et
mourir !* J'aime mieux *voir Naples* et vivre.

Nous redescendîmes par un soleil torride, mon-
tés sur un *calesi.* sorte de petit char à deux roues

et à un seul cheval, très-commun à Naples et nous nous fîmes conduire à *Villa-réal*, délicieuse promenade formée de bosquets et de statues, et doucement étendue au bord de la mer. Je ne suis plus étonné que Rome tout entière se disputât chaque lambeau de terre sur les collines de Baïa, sur ces bords enchantés de Parthénope. C'est un paradis terrestre.

On dîne à l'hôtel à 4 heures, notre hôte préside, boit et mange comme un savoyard, et ne laisse jamais languir la conversation. Sa voix de Stentor fait parvenir ses ordres d'un bout de la maison à l'autre ; il dirige le service, comme il commanderait une batterie.

Après dîner, nous nous promenions en flâneurs aux bords de la mer. En passant devant le palais royal, nous vîmes la garde prendre les armes ; les tambours battaient au champ ; le roi rentrait de promenade, seul avec la reine dans une calèche découverte, précédée d'un seul piqueur. La foule se rangeait et saluait respectueusement. Le roi est un gros homme, il était en chapeau rond et en habit noir ; la reine, simplement mise et en deuil. A la porte du palais, une femme, avec un enfant au bras se précipite vers la voiture avec un placet ; la reine étend vivement la main et sai-

sit le papier au passage. La femme revient en ar-
rière, contente, le sourire sur les lèvres et l'espérance au cœur. Cette scène me fit venir les larmes aux yeux.

Derrière le palais, on trouve un vieux château
à quatre tours, avec fossé et pont-levis, à l'aspect
sombre et sévère ; c'était la digne demeure de la
fameuse reine Jeanne ; aujourd'hui, c'est une prison d'état. De là, le quai s'étend au loin le long
de la ville et de la mer. La foule y passe pressée,
joyeuse, brillante ; une insouciance folâtre et pué-
rile, un air ouvert, une sorte de brusque camara-
derie forment le ton général. C'est le quartier gé-
ral des lazzaronis, que je n'ai point trouvés dans
l'oisiveté, couchés au soleil, comme on nous les
dépeint si souvent. Ils sont ouvriers du port, por-
teurs, commissionnaires: enfin, c'est la foule,
telle qu'elle se présente dans toutes les grandes
villes. Le portrait que certains voyageurs se sont
plu à nous en faire est un peu comme celui qu'ils
nous bâclent si plaisamment sur les pâtres et les
huttes de la Savoie ; c'est une charge de touriste,
qui n'a vu le pays qu'en courant ou qui a écrit
son voyage avec des *voyages* tout faits, sans sortir de chez lui. M. Martin nous a du reste confir-

més dans notre appréciation an sujet des lazzaronis.

Les églises de Naples sont encore belles; mais
elles nous ont paru plus riches en objets d'orfè-
vrerie qu'en chefs-d'œuvre d'art. Il est vrai que
nous venions de Rome.

23 septembre. — Pompéï, Vésuve. — De bonne
heure, ne pouvant plus dormir, je propose à mon
compagnon de planter là nos Français, avec lesquels nous étions toujours au milieu des embarras, et de faire la course de Pompéï et du Vésuve
le même jour. M. D. accueillit cette proposition.

A 8 heures, nous étions sur la route de Salerne,
nous passions le long de ce beau rivage de Castellamare, au dessous de Portici. Je voyais des
huttes de pêcheurs, à terrasses chargées de maïs
exposé au soleil. C'est bien par là que Lamar-
tine passa une partie de son orageuse jeunesse.
A 9 heures, nous descendons de wagon. Au bout
d'une petite avenue, on trouve une petite maison
blanche sur la façade de laquelle on lit en grands
caractères rouges : *Pompéï.* Nous prenons un guide
et nous commençons une visite de trois à quatre
heures que je n'oublierai de ma vie.

On monte par un étroit chemin le long d'un
talus; on ne tarde pas à apercevoir devant soi

une ruelle bordée de petites maisons sans toit,
ce qui me rappela tristement la vue de Sallanches
le lendemain de l'incendie de 1840. Nous entrons
dans une ville romaine, surprise telle quelle, l'an
70 de l'ère chrétienne, le jour que périt sous le
Vésuve Pline l'ancien, trois ans après le martyre
de Saint Pierre et de Saint Paul. La rue que nous
avions en vue est celle de la Fortune; nous tour-
nons à gauche par la voie Consulaire; arrivés à
l'extrémité de la ville, dans un faubourg, nous
trouvons, rue des Sépulcres, la maison de Dio-
mède, maison riche avec un jardin: dans les caves
sont encore dressées les urnes oblongues, dans le
sable, qu'entassèrent des mains d'esclaves, il y a
dix-huit siècles. C'est là qu'on avait trouvé le
cadavre d'une femme et, dans le jardin, le squelette d'un homme avec un trousseau de clés. Nous
revînmes lentement par la même rue jusqu'à la
porte de la ville, parfaitement conservée. Dans
une guérite de pierre on a trouvé le squelette
d'une sentinelle encore armée. Nous parcourons
ensuite diverses rues, celle de *Mercure* et nous
pénétrons dans plusieurs maisons : celles des riches sont très-reconnaissables aux appartements
plus nombreux, au péristyle, au conclave; d'ordinaire, après l'entrée, on trouve une cour inté-

rieure, souvent pavée en mosaïque ; tout à l'entour
s'ouvrent des chambrettes sans fenêtre. Les maisons, plus nombreuses, des pauvres sont extrêmement petites : toutes, riches et pauvres, n'ont
qu'un étage, ou plutôt un rez-de chaussée. Les
rues sont très-étroites ; elles portent aux angles
des inscriptions grecques en caractères rouges ;
deux trottoirs d'un pied de haut longent les maisons ; il ne reste de place que pour la largeur
d'un char ; on reconnait encore sur le gros pavé,
en laves du Vésuve, les ornières des roues ; de
temps en temps une grosse pierre carrée, placée
au milieu de la rue, permet de franchir l'espace
compris d'un trottoir à l'autre.

Notre guide affectait de nous montrer sur des
murs intérieurs les peintures lascives qui ornent,
ou plutôt, qui souillent les chambres à coucher ;
quelques-unes sont d'une repoussante lubricité.

On ne trouve pas une seule trace de christianisme. Quelle société ! Quelles mœurs ! Quelle
force divine il fallut aux apôtres pour pénétrer au
sein d'un pareil monde !

Des maisons particulières, nous passons aux
monuments publics, tous imités de la grande mé-
tropole de Rome : c'est le Forum, le temple de
Vénus, de Jupiter, d'Isis, un panthéon ; à côté de

la ville, ce sont deux théâtres bien conservés,
avec leurs gradins, leur avant-scène, leur scène.
On lit encore sur le pavé, en lettres de bronze, le
nom du consul fondateur.

Les quatre cinquièmes de la ville sont encore
couverts de cendre, recouverte elle-même de terre,
de vignobles, de vergers. Quand on traverse ces
vignes, on trouve, à l'autre extrémité de la ville,
un bel amphithéâtre parfaitement conservé, avec
tous ses degrés, ses *stabularia*. Nous nous assîmes
sur ces gradins déserts, plus fatigués encore d'é-
motion que de lassitude. J'aurais désiré qu'on
eût enfermé toute cette enceinte sous bonne garde
et qu'on eût partout laissé les meubles comme on
les avait trouvés ; on aurait ainsi la vie romaine
mieux que dans un livre. Mais tout a été trans-
porté au Musée-Bourbon à Naples. Une seule
maison, fermée à clé, a gardé ses ornements et ses
meubles : de petites figures d'animaux en marbre
blanc, des chiens, des lézards, des animaux fan-
tastiques, y ornent encore un tout petit parterre
placé au centre des appartements. En général,
la petite dimension de ces habitations est singu-
lièrement frappante. Ces anciens vivaient au
dehors, au forum, au théâtre, aux bains. Leurs
maisons semblent des cachettes.

Il allait être deux heures ; nous étions exténués de fatigue. Des raffraîchissements et quelques instants de repos nous remirent un peu. Pendant ce temps notre guide faisait à nos frais une débauche de *macaroni*. Cela ne l'empêcha pas de se montrer insatiable, non sur le prix convenu d'avance, mais sur la *bottiglia*. Décidément, nous approchions du pays des Harpyes.

Nous prîmes deux chevaux et deux guides et nous voilà chevauchant vers la cîme du Vésuve. On traverse quelques villages encore saccagés par l'éruption de février dernier (1850). Enfin on arrive sur la partie de la pente, couverte d'un gravier noir et granulé, qui grince sous les pieds. Nos chevaux marchaient bien. Quand nous ne fûmes plus qu'à trois kilomètres environ de la cîme, nous mîmes pied à terre. Nos guides dessanglent nos montures et les attachent à des pierres ; eux-mêmes, trempés de sueur, quittent sans façon leurs chemises qu'ils étendent par terre au soleil en les assujettissant avec des pierres ; puis, ils remettent leur large veste. Nous gravissons péniblement une pente de 40 à 45 pour cent dans un sable mouvant qui nous fait perdre pied à chaque instant. La montagne grondait ou ronflait sourdement dans ses entrailles. Si nous

nous retournions pour prendre haleine, nous
voyions au loin la mer dorée par les rayons
rouges du soleil couchant, la plaine parsemée de
villages aux blanches maisons et Pompéï, là-bas,
comme une tache jaunâtre au milieu de la verdure. Nos guides nous pressaient; la nuit approchait. Rien de triste et de désolé comme ce vol-
can, avec ses vallons noirs et calcinés : pas un
bruit, pas un oiseau, pas un brin d'herbe. Les
glaciers de Chamonix m'avaient autrefois frappé
par leur majestueux silence; mais au moins, là,
une teinte blanche, un air frais et mordant rani-
ment le regard; mais ici tout est noir, et la mort
gronde à quelques pieds de profondeur sous le
sol. La tristesse, l'inquiétude me gagnaient; je
me sentais aventuré de nuit dans ces horreurs
avec deux guides inconnus qui auraient eu bon
marché de notre vie. Enfin, à 5 heures et demie,
nous mettons le pied sur le bord du cratère; mais
nous reculons aussitôt, effrayés et étouffés par la
vapeur sulfureuse qui remplissait cette ouverture
béante. Un vent froid nous glaçait la sueur sur
le corps; mais nous nous rapprochions du cratère;
sa chaleur corrigeait la piquante froidure du vent.
Ce cratère est un immense entonnoir, de plus
de deux kilomètres de circonférence, mais qu'on

pourrait descendre avec un long bâton ferré. Ce
n'eût pas été prudent ce jour-là; on eût risqué
d'être asphyxié et le sourd grondement de la
montagne nous prouvait qu'elle était mauvaise;
nos guides tremblaient eux-mêmes. Une éruption,
même la plus légère,... et tout était dit. Nous sen-
tions la chaleur du sable traverser nos chaussures.
J'allume un cigare et, sur l'invitation pressante
de nos guides, nous descendîmes rapidement.
Chacun de nos pas était une longue glissade où
nous enfoncions le pied dans le gravier volcani-
que jusqu'à la cheville. Bientôt nous retrouvons
nos chevaux, et nos guides leurs chemises. Les
chemins étaient étroits et rocailleux, et la nuit
sombre. Nous gardions le silence; je récitai mon
chapelet.

Arrivés à *torre dell' Annunziatta*, nous louons
un rude *calessi*. Le cheval avait les brancards sur
le dos; le cocher, placé derrière nous, debout,
poussait des cris aigus et gutturaux et nous san-
glait de grands coups de fouet par dessus les
épaules, à l'adresse de la pauvre haridelle. Bientôt la route semble une rue continuelle : la *tor del
Greco, Resina, Portici* se tendent la main et forment une chaîne merveilleuse jusqu'à Naples. A
Portici la route passe dans la cour intérieure du

royal palais où séjourna Pie IX. Près de là est
encore enseveli Herculanum, qu'il faudrait voir,
si l'on n'avait pas vu Pompeï. Le froid devenait
piquant; un brouillard lourd et glacé pesait sur
nous et pénétrait nos vêtements vingt fois trempés de nos sueurs en ce jour. Je pris un refroidis-
sement; les dents me claquaient à la bouche. La
nuit ne me remit pas.

24 septembre.—NAPLES.— Nous sortîmes néanmoins à 8 heures. Une petite église, dont j'ai
oublié le nom, renferme une œuvre d'art étonnante: c'est un *Christ au tombeau*, couvert d'un
suaire, mais si délicatement ciselé, que le marbre,
malgré les draperies du linceuil, accuse tout le
corps du Sauveur, à travers la transparence artistique de ce linge de marbre. On ne sait ce qui
frappe le plus, du génie de l'artiste ou du spectacle
de notre Dieu réduit en cet état pour nous.

Nous devions une longue visite au Musée-
Bourbon qui renferme une collection choisie des
plus curieux objets découverts à Pompeï, à Herculanum, à Stabia. Peintures, statues, antiquités,
nous tînmes à tout voir. Je n'en pouvais plus.
Quelle folie de se forcer à admirer, quand on ne
peut plus regarder!

En vain tentâmes-nous une visite aux Jésuites,

à nos *Sœurs grises* de la Savoie. Les portiers nous considérèrent à travers le guichet, et, après une longue attente et mille précautions, nous apprîmes que l'on n'était pas visible céans. Ma foi! depuis la révolution de 48, ces pauvres religieux ont de bonnes raisons pour être défiants. D'ailleurs il paraît que nous commencions à avoir l'air quelque peu bandits.

25 septembre. — NAPLES. — Je passai une nuit bien longue..... Enfin, à 8 heures, je pus accompagner mon ami jusqu'à la Chartreuse qui domine la ville et qui est construite au milieu du fort Saint-Elme. L'église est très-riche de marbres et de décorations. Du haut d'une terrasse, d'où le regard planait à perte de vue, nous contemplâmes longtemps la ville; la mer, au loin, était blanche comme du plomb fondu et les îles du port semblaient d'énormes blocs noirs, surnageant dans la fournaise.

En redescendant la pente rapide, je chancelais. Pendant que mon ami allait visiter Pouzzole et le tombeau de Virgile, je me roulai sur un canapé, le feu dans les entrailles, avalant péniblement quelques gorgées de limonade pour éteindre cet incendie. J'eus le temps d'en faire, des réflexions,

durant cette interminable journée... La nostalgie
n'était pas mon moindre mal.

26 septembre. — En mer. — Nous passâmes la
matinée comme nous pûmes, au Musée-Bourbon,
à St-Janvier, à St-Sévère, au fameux théâtre San-
Carlo, le plus beau de l'Italie, avec celui de Mi-
lan. Une danseuse s'exerçait sur la scène.

Dès que notre retour en Savoie fut décidé, je
me sentis mieux. A 4 heures, nous nous embar-
quâmes sur le beau vapeur, *il Vesurio*, et avec
nous, deux de nos Français. Notre ancre s'étant
enchevêtrée avec la chaîne du bateau voisin, nous
retînt jusqu'à 6 heures. Nous pûmes donc contempler à notre aise l'incomparable panorama de
Naples, vu de la mer.

Il me souvient ici d'un incident plaisant de
notre embarquement. Comme nous abordions
avec notre nacelle l'escalier du vapeur, nous
vîmes à côté de nous un passager à cheveux
blancs en altercation avec son batelier pour la
bottiglia. Le lazzaroni voulut porter la main au
collet de l'étranger pour l'empêcher de monter
au bateau. Mais l'homme aux cheveux blancs
avait encore du sang de vingt ans : il saisit le
batelier à la gorge, le renversa; la barque oscillait
d'une manière effrayante sous leur lutte corps à

corps; puis le passager assène une couple de coups de poings sur le nez du Napolitain et, se dégageant avec prestesse, il s'élance à l'escalier et monte en courant sur le bateau. Nous lui sou- rîmes sympathiquement ; à son tour, il nous sourit avec affabilité et nous apprit que, passant sa vie à voyager, il savait comment on s'y prend dans chaque pays, que déjà il avait été tenté de réga- ler son homme de la *bottiglia* sur le quai ; mais qu'il avait jugé plus prudent de remettre sa cor- rection en mer. Son air calme nous amusait beau- coup après une lutte aussi vive.

Nous passâmes de nuit près d'Ischia ; on voyait la lumière scintiller dans l'intérieur des maisons. Bientôt nous rasâmes le cap Misène, qui se dres- sait tout noir devant nous, comme pour nous barrer le passage ; puis notre bateau entra en pleine mer. Faible et souffrant comme je l'étais encore, je ne pouvais tenir sur l'entrepont ; j'y étouffais ; le roulis était fort ; survinrent par sur- croît de nouvelles atteintes du mal de mer ; mais je n'avais plus le courage et les forces qui m'avaient soutenu à Marseille. Je montai sur le pont et me couchant près de la machine pour en éprouver la chaleur, je sommeillai légèrement, à l'air âpre de la nuit.

27 septembre.— En mer.— A la pointe du jour, nous passions à l'embouchure du Tibre, par devant Rome. J'aurais bien voulu encore demander au pape la permission de prendre un bouillon. Un de nos prêtres français me décida et j'avalai ce breuvage défendu, qui me fit un bien surprenant. Tout mon malaise disparut, je repris goût à la nourriture et au voyage. Cependant le désir du retour augmentait en moi, à mesure que nous nous approchions. Je trouve sur mes notes cette exclamation qui me fait sourire maintenant : « Assez de fatigues, de dépenses et d'admiration pour une année. »

Nous perdîmes presque une journée au port de Cività-Vecchia; nul de nous ne put obtenir la permission de débarquer une heure. Impossible d'exprimer l'ennui qui me saisit de me voir si longtemps prisonnier; j'enviais presque le sort des galériens que nous voyions passer deux à deux sur le quai.

28 septembre.— En mer.— Nous partîmes pour Livourne à 5 heures du soir. La nuit avait été excellente pour moi. Il était à peine jour que nous allions nous ranger parmi les nombreux navires du port de Livourne. Ici, je ne songeai point à débarquer; je me sentais bien dispos et

je réfléchis que, des magasins et des rues, j'en
pouvais voir à Chambéry, mais qu'un port, avec
tout son mouvement, je ne le reverrais peut-être
pas. Je restai pour contempler tout à mon aise
les manœuvres et l'ouvrage des navires en rade.

Les uns arrivent : on leur fait place ; longtemps
encore ils cherchent à se caser. Les passagers
paraissent tout étonnés de nous voir là, et de nous
trouver si froids à leur endroit. Quand on aborde,
surtout chez soi, il semble que tout le monde de-
vrait voler dans vos bras.

Les autres partent : depuis longtemps déjà
tout était prêt; enfin le canot du capitaine arrive : les vergues se démènent comme les bras
d'un homme qui s'éveille ; la vapeur barbotte et
tourbillonne par la large gueule de la cheminée;
on lève l'ancre à l'aide du chant monotone, toujours le même ; le navire se dégage doucement
du milieu des autres ; puis, comme un cheval
fougueux trop longtemps retenu, se lance sur la
plaine bleuâtre et sombre, en laissant derrière
lui les larges traces de son sillage.

Au port, les vaisseaux font comme les oiseaux
aquatiques ; ils se lavent, se lissent les plumes,
soit les voiles, se font beaux, se chargent, se déchargent, semblent aussi se reposer ou se balan-

cent coquètement. N'était la forte odeur de gou-
dron et d'eau sale qu'on respire, un port serait le
meilleur endroit du monde pour ne rien faire.

Notre *Vesuvio* ne partit qu'à 4 heures du soir
du port de Livourne. Je dormis cette fois dans
mon lit, comme si j'eusse été à terre.

29 septembre. — Gènes. — A minuit, je fus ré-
veillé par des trépignements nombreux et par le
bruit des chaines qui grinçaient sur le pont ; je
compris qu'on jetait l'ancre ; mais, comme on ne
débarque pas à cette heure, je repris le fil de
mon sommeil.

Le matin venu, Gênes était là en amphithéâtre,
avec ses palais. Il y avait un mois, Gênes m'a-
vait presque déplu ; cette fois, tout m'y paraît
charmant. Je revoyais avec plaisir notre drapeau
tricolore, nos carabiniers, nos soldats, même nos
douaniers verts, bien plus honnêtes qu'ailleurs.
Nous courûmes entendre la messe à la cathédrale,
puis vénérer ensuite les reliques de sainte Catherine de Gênes, dont la précieuse dépouille est
bien conservée. Sainte et tendre mère des pauvres, Catherine avait compris le vrai socialisme.

Qu'il m'en coûta de ne pouvoir embrasser mon
frère! Nous allâmes à la bénédiction à l'*Annun-
ziata*, toujours belle, même en revenant de Rome.

C'est à Gênes que nous dûmes nous séparer des deux ecclésiastiques français, devenus nos *amis d'Italie.* Après les avoir cordialement embrassés, nous montâmes en voiture pour Novi.

30 septembre. — TURIN. — En vain essayai-je de dormir; nous étions six dans l'intérieur; j'étouffais. Oh! que la nuit est longue ainsi! rouler, toujours rouler avec cinq compagnons, qui se balancent en avant, de côté, qui ronflent en symphonie; ne rien voir que les glaces de la voiture obscurcie par la vapeur! Je me divertis à ouvrir doucement la glace près de moi; mon voisin se réveillait, les dents glacées et endolories; il fermait brusquement; je feignais de dormir. Bientôt il s'était rendormi et je recommençai mon jeu. — Le pauvre homme! il me *réveilla* pour me dire que la glace ne tenait pas et me pria de l'assujettir. J'y mis la main et je promis qu'elle ne *s'ouvrirait* plus.

A trois heures du matin, nous étions à Novi. Ce que je pus voir de la ville me parut régulièrement bâti. A 4 heures, nous partions par le chemin de fer; à l'aube nous passions à Asti, puis à Alexandrie; j'aurais désiré voir Marengo, dont nous traversions la plaine. Tout à coup le train s'arrêta devant une montée et des chevaux halè-

rent les wagons jusqu'au sommet de Dusino où
nous fîmes une longue station. C'est de là que je
revis pour la première fois depuis notre départ
nos chères Alpes qui formaient un demi-cercle
autour du Piémont ; elles s'élevaient là-haut devant moi, ces chères montagnes, avec leurs pics
et leurs neiges, couronnées de nuages floconneux ;
je les saluai avec transport. « *Nos vieilles, nos
vieilles !* » m'écriai-je, ivre de joie. M. D. ne savait à qui j'en avais ; je lui montrai ces cîmes
lointaines dont j'aspirai de loin l'âpre et vivi-
fiante sauvagerie. Là, j'étais complétement
guéri. La nostalgie se dissipait ; j'étais doréna-
vant sûr de revoir le pays ; je le voyais déjà.

Enfin le train se remit en marche, ou plutôt,
il glissait sur la pente avec la rapidité d'une
flèche. A Moncalier, un piqueur, en livrée rouge,
passa à cheval près de nous ; le roi chassait. En
quelques minutes nous fûmes à la gare de Turin.

Cette capitale est régulière comme un échiquier. Chaque rue débouche sur la campagne et
coupe les autres à angle droit. Comme, de tous
les points de la ville, on aperçoit la verdure et
les collines gracieuses qui l'environnent, elle paraît moins grande qu'elle ne l'est. Cette régula-
rité, qui frappe d'abord d'admiration, ne tarde

10

pas à fatiguer par sa monotonie. Autant une voiture est embarrassante à Gênes, autant elle serait agréable à Turin.

Notre première visite fut pour la cathédrale;
nous n'étions pas préparés à voir de médiocres
églises; aussi fûmes-nous péniblement frappés
de l'insignifiance de cette première église de
notre capitale.

Après Dieu, le Roi. Nous désirions visiter le
château royal. Un piquet de garde nationale
stationnait à l'entrée. L'accès en est du reste facile, en l'absence de la cour. Un domestique
nous introduisit dans les appartements; je n'ai
rien vu ailleurs de plus splendide; glaces immenses, bronzes dorés, tout reluit et scintille autour
de soi. Nous parcourûmes le premier étage seulement, que Victor-Emmanuel a laissé à la Reine-
Mère; nous vîmes la chambre de cette sainte
femme, son alcôve, son prie-Dieu. Voici la
chambre du feu roi, Charles-Albert, peut-être
celle où il a signé le Statut; comme apparte-
ment, elle est belle; mais elle est meublée avec
une simplicité extrême. Sur la remarque que
nous en fîmes, le domestique nous apprit que
c'était le mobilier d'Oporto! Nous étions dans
une chambre funèbre! Quatre fauteuils couverts

de toile verte, un lit de fer à pommeaux de lai-
ton, comme ceux des hôpitaux, une pauvre pail-
lasse sur ce lit, un prie-Dieu... Je sentis une émotion profonde, devant cette couche dernière du
pauvre vieux roi ; je me jetai sur le prie-Dieu et
je récitai un *Pater* pour le repos de cette âme,
abreuvée de tant d'amertumes. 1848 ! 1849 ! le
triomphe et l'exil ! Un peuple ivre de joie et un
grabat !... Je maudissais en silence ces perfides
sociétés secrètes, qui avaient amené cette royale
infortune, sans vouloir me rappeler les déplora-
bles avances que ce malheureux roi avaît lui-
même faites à la Révolution. Nous descendîmes
dans les jardins ; mais je ne trouvai plus rien de
beau ; je ne pouvais me remettre de mon émotion ; le retentissement en resta longtemps dans
mon cœur.

Nous sortons le long des portiques, pour nous
rendre à la *Madre di Dio*, sorte de Panthéon,
consacré à la Sainte-Vierge. Beau péristyle, intérieur vide et mal soigné. Est-il possible qu'on
ait entassé là des millions, pour ne faire que
cela ?

De là, nous montons à la *Vigne de la Reine*, puis
au *Monte*, couvent des capucins, bâti sur une
gracieuse éminence ; un chemin ombragé con-

tourne la colline et amène doucement devant l'é-
glise, sur une terrasse, d'où l'on jouit d'une vue
magnifique. Mais M. D. ne jouissait plus de
rien; il était accablé de fatigue; en redescendant, il alla se coucher à l'ombre et je m'assis à
quelques pas, en lisant mon *manuel*. Des femmes
qui passaient par là crurent trouver un mort;
elles s'approchaient de M. D.; j'allai les chasser
comme des mouches importunes; elles s'éloi-
gnèrent, en me prenant peut-être pour l'assas-
sin.

Enfin, mon *Abel* se releva et, *Caïn* inoffensif, je
lui proposai de continuer notre promenade. Nous
repassâmes le Pô et nous entrâmes dans les gracieux bosquets du Valentin; c'est une promenade
fraîche et délicieuse, qui nous rappelait le Pincio.
Nous longeons ensuite les charmantes avenues
qui conduisent sur la *Place d'armes* et nous admirons la citadelle, dont on ne voit que la porte et
quelques glacis en gazon, sur lesquels des sentinelles se promènent solitaires.

1er octobre. — Turin.— De bonne heure, nous
nous acheminons vers la colline de la Superga,
dont nous avions déjà vu le dôme depuis Dusino.
Après le port du Pô, on laisse, si l'on veut, la
grande route et l'on suit un charmant sentier pa-

rallèle, qui se perd au milieu des bosquets. C'est par ici, hélas! qu'a fini la carrière de la vie du malheureux De la Charrière. A N.-D. du Pilon commence une longue et rude montée, que nous attaquons assez mollement. Enfin, tout essoufflés et en nage, nous arrivons au sommet. Un brouillard léger poudrait la plaine entre Turin et Chieri.

Cette royale académie de la Superga était destinée, par nos souverains, à former le haut enseignement ecclésiastique. Les évêques de nos Etats-Sardes envoyaient là leurs meilleurs sujets, pour y former des professeurs de théologie, de hauts dignitaires de leurs églises; c'est comme une pépinière de vicaires-généraux et d'évêques, étudiant dans la retraite pendant plusieurs années; il fallait être docteur en théologie, pour y être admis. Le savant M. Audisio était le président de cette école d'élite, un noble caractère qui ne sait pas capituler, quand il s'agit de la conscience et des principes. Aussi il avait eu le glorieux malheur de déplaire à nos hommes nouveaux, et avait dû s'éloigner. Je me souvenais qu'un de mes compatriotes et de mes condisciples était dans cette maison. Je demandai donc M. l'abbé Truffat; il vint aussitôt et nous fit l'accueil le plus bienveillant. Comme vice-président, en l'absence

de M. Audisio, il était par le fait chef de la Maison;
c'était heureux pour nous.

Après les raffraîchissements et un instant de
repos, il nous fit visiter la maison, l'église, les
caveaux des tombes royales. Celui de Charles-
Albert est en marbre noir, recouvert de couronnes
toutes fraîches et de je ne sais quels papiers
mesquins ou morceaux de cartons, avec élégies,
sonnets, vers à sa louange. Cette friperie de mauvais goût me choquait; c'est toujours l'*Italianerie,*
avec ses penchants à l'imitation de l'antiquité
païenne. La tombe du chrétien ne veut que des
prières; elle ne doit s'entourer que d'objets graves,
commes les pensées qu'elle fait naître.

Des caveaux, nous montons à la tour, qu'une
élégante galerie contourne; nous y restâmes longtemps et il en valait la peine. Une élévation donne
toujours un horizon à embrasser du regard, surtout dans les pays en plaine. Ici, la vue se dé-
ployait dans une immense étendue; nos regards,
en se promenant tout à l'entour, embrassaient la
ville et la colline de Turin, le gigantesque hémi-
cycle des Alpes, l'entrée des vallées de Pignerol
et de Suse, le lit du Pô jusque vers Chieri; puis
la vue se perdait par delà la colline, du côté de
Verceil. Nous ne pouvons nous arracher à ce

spectacle. Longtemps nous parlâmes avec intimité, sur ce panorama, de notre patrie, de ses
fautes, de ses malheurs, de ses espérances : sujet
toujours intéressant pour des cœurs qui aiment
sincèrement leur pays.

Nous dînâmes au réfectoire avec toute la communauté, composée de douze ecclésiastiques qui,
bien qu'étrangers à la Savoie, nous parurent
affables et bienveillants. Puis, laissant là son
monde, M. Truffat nous conduisit à la bibliothèque, où nous devisâmes à notre aise jusqu'à
trois heures, que nous quittâmes avec regret cet
excellent compatriote.

De retour à Turin, nous nous promenâmes sous
les Portiques et jusque dans la rue *Conciatori,* où,
pour nous raffraîchir, nous entrâmes chez une
bonne vieille. Elle nous offrit des *Salami* avec
une dive bouteille qui nous remit. L'air accort et
maternel de la bonne femme nous charma. C'était
comme *chez nous* pour le cœur.

2 octobre. — Turin.—La nuit donne conseil. Au
matin, notre parti est pris : *Nous en avons assez ;
retournons en Savoie.* Là-dessus, nous arrêtons nos
places pour le soir. La journée nous parut longue.

Au palais Carignan, nous visitons la Chambre
des Députés : Voilà donc cette salle qui fait tant

de bruit et dont les échos se répercutent jusqu'au fond du pays. A droite en entrant, vis-à-vis des fenêtres, sont placés le siége du président et la tribune de l'orateur : devant les fenêtres, le dos *tourné à la lumière,* s'arrondissent les bancs circulaires de nos Pères conscrits ; au-dessus, s'étendent les tribunes uu peu trop réservées aux Lombards. Je montai à la tribune et je toussai fortement ; M. D. eut l'impudence de rire. La *Gazzette pié-montaise* n'a pas relevé ces incidents.

Il fallait bien voir aussi la Chambre des Sénateurs, au château Madame. On y voit un beau tableau de Victor-Emmanuel II en pied, la main sur la Constitution. C'est dans cette salle que se réunissent les deux Chambres, le jour du discours du Trône et de l'ouverture du Parlement. C'est par là qu'on *enfourne* les grands personnages, quand on veut en faire des valets.....

J'aurais été ravi de la galerie de tableaux que nous visitâmes dans le même palais ; mais j'en avais encore une indigestion. Que de choses intéressantes nous aurions encore dû voir à Turin : la Bibliothèque, le Musée Egyptien, l'Arsenal, les Casernes, etc...? Mais nous ne pensions plus qu'à notre retour. Nous priâmes un instant à la *Consolata* et au *Corpus Domini.* En général, les églises de Turin sont petites et ne présentent aucun intérêt à qui arrive d'Italie.

Après avoir assisté au *Salut à St-Thomas,* nous montons dans le coupé des *Messageries nationales,* seuls, M. D. et moi, et nous partons par la route de Rivoli.

Bientôt mon compagnon se mit à dormir, le saint homme ! il n'oubliait jamais cela en voiture, surtout la nuit. Et moi, pauvre délaissé, que faire pendant ces longues heures de solitude ? tour à tour, je prie, je fredonne, je réfléchis, je révasse tout éveillé, je regarde stupidement devant moi, sans rien voir que les chevaux toujours trottant. Cette vue finit par abrutir; on croit, à la longue, trotter à reculons.

3 octobre. — MAURIENNE. — A une heure du matin nous étions à Suze. Je crois que M. D. s'en aperçut un peu, mais sans interrompre le fil de son sommeil. Nos chevaux, précédés d'une longue file de mulets, attaquèrent résolument la montée. Un vent violent soulevait et faisait tournoyer la poussière en tourbillons. La route fait des efforts inouis pour vaincre la rapidité de la montée; elle tourne, revient, grimpe,.... Au petit jour, nous gravissons la dernière montée, très-pittoresque : c'est un talus presque à pic; la route y serpente en nombreux zig-zag. Enfin, nous voilà dans la plaine qui couronne le col du Mont-Cenis. Nous grelottions de froid; le givre argentait la montagne; la glace criait sous les roues. Il y a huit jours, j'étouffais à Naples de chaleur; aujourd'hui, je n'ai pas assez d'habits, de cravates pour me défendre du froid.

Au poste des carabiniers, nous exhibons pour la dernière fois nos passeports; ils étaient criblés de *Visa*.

Nous dévallâmes rapidement jusqu'à Lans-le-Bourg où nous fûmes heureux de trouver du feu et du café. Il y a quelques années, j'avais trouvé la Maurienne le pays le plus détestable du monde et cela, par un beau temps; aujourd'hui, j'étais enchanté de la Maurienne par un temps froid et pluvieux; j'écoutais avec ravissement le patois du pays; je regardais avec amour ces longues pentes de bois de sapins qui, des deux côtés, semblent descendre des nues à la route.

A Fourneaux, un de nos chevaux s'abattit, fit culbuter les trois autres et nous faillîmes tous dégringoler dans l'Arc. On détacha le pauvre animal qui s'était *couronné* et l'on arriva sans autre encombre à St-Michel, où l'on dévora à la hâte le dîner.

Près de St-Jean, une odeur de toile brûlée et une fumée mal dissimulée nous avertirent qu'il se préparait un *sinist e* dans l'intérieur de la diligence. On cherche, c'était un sac, déjà largement percé par le feu qu'y avaient mis des bouts de cigares mal éteints. Le propriétaire de ce malheureux sac était le postillon qui éteignit le feu sous ses pieds sur la route, avec force jurons et en se livrant aux réflexions les moins flatteuses pour les voyageurs. On lui donna une bonne pièce et ses malédictions se changèrent presque en bénédictions. Le conducteur, assez bon garçon, nous disait : « Nous avons failli aller dans l'eau; nous voilà maintenant dans le feu. »

Notre voyage tirait à son terme; nous allions nous séparer, M. D. et moi, et nous roulions de conserve des heures entières, sans échanger presque un mot; je me reprochais intérieurement ma pesanteur; mais la fatigue, accumulée par 40 jours de voyage, m'avait rendu insensible, non à l'amitié, mais au plaisir de la conversation. Mon ami m'en fit la remarque, en plaisantant; je répondis en taquin.

Nous n'étions pas fortunés avec cette voiture; elle renversa un homme qui, malgré les cris du postillon, n'avait pas su s'enlever de la route; il

se releva, étourdi, un peu contusionné, mais sans
mal sérieux. De pareils accidents m'auraient vivement ému en d'autres circonstances, mais le
voyage m'avait endurci aux émotions.

A Maltaverne, j'embrassai M. D., qui descendit
à La Rochette. Je le suivis un moment du regard.
Je ne l'eus pas plus tôt perdu de vue, que je sentis
le vide qu'il faisait dans la voiture ; je me reprochai de n'avoir pas été plus aimable, plus so-
ciable, pour le dernier jour, avec un ami éprouvé,
avec un fidèle compagnon qui avait partagé avec
moi les aventures, les dangers, les plaisirs et les
peines d'un voyage prolongé....... Enfin, je me
consolai en pensant que j'aurais le temps de ré-
parer cela à Chambéry.

A 11 heures du soir, nous entrions au faubourg
Montmélian. Je soupai à l'hôtel avec deux Français ; nous fîmes de la politique jusqu'à minuit.
Une pauvre servante mourait de sommeil en nous
attendant.

4 octobre. — Chambéry, St-Sulpice. — Je me
levai à 9 heures ; j'avais dormi pour deux nuits.
Quoique la famille fût absente de Chambéry, j'allai
néanmoins voir ma chambre, rue Juiverie. J'étais
étonné de retrouver chaque chose à sa place.
Comment ! je venais de Florence, de Rome, du

Vésuve... et je trouve là mes livres, mes papiers, mes habits comme je les avais placés avant de partir! Il me semblait que ces objets me regardaient avec étonnement et avec plaisir.

Je posai mon sac de voyage et, pour reprendre possession de ma chère chambre, je m'y assis un moment... puis, sans quitter mes habits laïcs, je m'empressai de prendre le chemin de St-Sulpice, où était en villégiature la bienveillante famille au sein de laquelle je vivais.

Je montai lentement par le chemin des Vignes, en récitant mon office et mon chapelet, pour remercier Dieu et la Sainte Vierge de m'avoir ramené si heureusement au port, après un long voyage, plein d'évènements et de vicissitudes.

En passant par le bois des châtaigniers, j'étais surpris de ne pas entendre les cris des enfants de la ferme et ceux de mon cher P. Antoine. Devant la maison, personne; j'étais presque inquiet. J'ouvre : on était à table : un instant de silence : personne ne me reconnait. Mais bientôt ce fut un cri général de bienvenue!... le cœur me bondit de joie, j'étais en famille. J'embrassai.....; je ne savais à qui répondre d'abord. Une bonne poignée de main, bien cordiale, de l'excellente D^{me} R. finit mon voyage, comme il avait commencé.

Quelques jours après, je courus à Sallanches, voir mes pauvres sœurs qui me croyaient perdu. Heureux, si, avec elles, j'avais encore pu retrouver ma mère!

ERRATA

Page 68, 9e ligne, au lieu de dans, lisez sous mon collct.

» 68, 23e ligne, au lieu de cardinaliste, lisez *cardinalice.*

» 72, 17e ligne, au lieu de j'apris, lisez *j'appris.*

» 89, 17e ligne, par méprise, *Béatrix* a été confondue avec la comtesse *Mathilde.*

» 90, 21e ligne, au lieu de *indolance,* lisez *indolence.*

» 98, 13e ligne, au lieu de *me la pris,* lisez *me la prit.*

» 113, 13e ligne, au lieu de *Auxur,* lisez *Anxur.*

» 113, 14e ligne, au lieu de *paysage,* lisez *passage.*

» 121, 16e ligne, au lieu de *l'entoure,* lisez *l'entrouvre.*

» 121, 21e ligne, au lieu de *encor,* lisez *encore.*

www.ingramcontent.com/pod-product-compliance
Lightning Source LLC
Chambersburg PA
CBHW060432090426
42733CB00011B/2245